24時間OK!
いつでも使える!!
持ち歩き英会話

尾山 大 著
OYAMA masaru

太陽出版

INTRODUCTION

本書で"日常英会話"はパーフェクト！

　本書の最大の特徴は、朝"目覚めて"夜"床につくまで"のまる１日を想定して、普通の人が使う平均的な表現を100のジャンルに分けて網羅していることです。

　簡単な道案内や初対面の挨拶のような代表的な表現は、英語に対する興味の程度に関係なく一般的に知られているようです。しかし、「掃除機をかける」とか「外食する」といった日常のなにげない表現が、口をついて出てこない人が圧倒的に多いようです。さらに、「お先にどうぞ」のような種類の表現になると、ほとんどダメという人はさらに増えるようです。

　つまり、日常動作や使用頻度の高い慣用的な表現を補強することが、合理的な英語表現の修得法の一つだといえます。

　本書は日常の時間の流れに沿った形で、必要最低限の英語表現を提供するのが目的です。なお、英文につけたカタカナルビは、あくまでも英語を苦手とする人に対する発音のヒントであり、完全なものではないことをお断わりしておきます。

著　者

CONTENTS　　もくじ

午前中を上手に表現する — 1

❶ まず「目覚める」「起きる」の表現は —— 16
Wake up.

❷ 「顔を洗う」などの決まり文句 —— 18
Wash up at once!

❸ 「歯をみがく」「髪を整える」—— 20
I brush my teeth twice a day.

❹ 「朝食」にまつわる表現 —— 22
I rarely have breakfast.

❺ 「テレビをつける」はとても簡単 —— 24
Will you turn on the TV?

❻ 「テレビ・新聞」の情報を語るとき —— 26
The weather report says…

❼ 「テレビを視る」「ラジオを聴く」—— 28
I watch TV every morning.

8 「かたづける」と「掃除する」 ——— 30
Let's clear the table.

9 「服を着る・装う」はさて ——— 32
What shall I wear today?

10 身だしなみの基本「化粧」は ——— 34
I wear no make-up today.

11 「…しに行く」のパターンを覚える ——— 36
I'll go shopping today.

12 「エレベイターに乗る」「階段をおりる」 ——— 38
Let's take an elevator.

13 「乗り物に乗る・降りる」なら ——— 40
Hurry up, and you can catch it.

14 日常的な「間に合う・遅れる」 ——— 42
I'm sorry to be late.

15 スムーズに「始まる・始める」には ——— 44
It's beginning to rain.

16 「パートをする」—etc ——— 46
I have a part-time job.

17 「銀行・郵便局」でのフレーズ ───── 48
How much interest do they give?

18 「事務処理」に欠かせない表現 ───── 50
Will you take a copy of it?

19 「洗濯する」など身近な表現は ───── 52
I'm hanging out the wash.

20 覚えたい「…しませんか」のパターン ───── 54
How about having lunch with me?

午後を上手に表現する ───── 2

21 「休憩」にもいい表現がある ───── 58
We have an hour's recess for lunch.

22 ミスのない「電話のかけ方」① ───── 60
I'll call you back later.

23 ミスのない「電話のかけ方」② ───── 62
I have to go.

24 ミスのない「電話のかけ方」③ ───── 64
Hanako's out now.

25 「訪問」の際はここに注意せよ ──── 66
May I call on you this evening?

26 「世間話（雑談）をする」はこの表現 ──── 68
Let's chat over tea.

27 「頭痛」など痛みの伝え方 ──── 70
I have a slight headache.

28 「薬」に関する基本フレーズは ──── 72
Take this medicine.

29 「病院へ行く」はどう表現する? ──── 74
You'd better see a doctor.

30 「診察・治療」を受けるときに ──── 76
Do you have an appetite?

31 間違いなく「病状を伝える」① ──── 78
I feel dizzy.

32 間違いなく「病状を伝える」② ──── 80
I'm allergic to pollen.

33 「打ち合わせ・会議」に参加したら ──── 82
I'm for you.

㉞ 「思う・考える」の表現に精通する ——— 84
It's a very good plan, I guess.

㉟ 「…かしら?」も日頃よく使う ——— 86
I wonder when….

㊱ 「メモを取る・書く」の決まりとは ——— 88
Write it down, please.

㊲ 「伝える・説明する・話す」 ——— 90
Come down to it !

㊳ 「忙しい」にも色々な種類がある ——— 92
I have no time to play golf.

㊴ 巧みに「切りあげる・やめる」 ——— 94
Let's call it a day.

㊵ 「疲れる・故障する」は日常茶飯 ——— 96
I was worn out today.

夕方から夜を表現する ——— 3

㊶ 「料理する」①―材料を切る―etc ——— 100
She's cooking right now.

42 「料理する」②—調理法—etc ——— *102*
Stew it for about an hour.

43 「料理する」③—調味などについて— ——— *104*
A dash of pepper, please.

44 さて「…を切らす」「紛失する」は ——— *106*
I have run out of dressing.

45 「外で食事」のときの決まり文句 ——— *108*
I'd like to invite you to dinner.

46 「レストランに行く」とき① ——— *110*
Is it hot?

47 「レストランに行く」とき② ——— *112*
French dressing for her.

48 「お酒の席」では、このひとこと ——— *114*
To your health!

49 あっ「事件が起こった」…… ——— *116*
A fire broke out near my house.

50 「手紙を書く」「日記をつける」 ——— *118*
Do you keep a diary?

51 「フロに入って」ひといき…… ─── 120
He's taking a shower.

52 「夜ふかしする」「早寝する」 ─── 122
I sat up late for my husband.

53 おやすみなさい─「寝る」「眠る」 ─── 124
I usually go to bed at eleven.

休日を上手に表現する ─── 4

54 「○○式に出席する」の表現は ─── 128
I have to attend a farewell party.

55 「お祝い・お悔やみ」を述べる ─── 130
Congratulations !

56 「庭の手入れ」「日曜大工」─etc ─── 132
I papered the walls yesterday.

57 「美容院・理髪店」へ行くとき ─── 134
A little shorter, please.

58 「行楽地」へ行ってエンジョイ ─── 136
We'll have an outing tomorrow.

59 「混み合う」「交通渋滞する」―― 138
Disneyland was crowded with children.

60 「趣味」についておしゃべりする ―― 140
My hobby is taking pictures.

61 「パーティー」を楽しみたいなら ―― 142
Let's have a potluck party.

62 語り合う①―自己紹介と家族構成 ―― 144
I'm an office worker.

63 語り合う②―子供たちの学校について ― 146
My son is a college student.

64 語り合う③―一般的な話題を楽しむ ―― 148
How's your business?

感情・発想を表現する ―― 5

65 英語の「て、に、を、は…」① ―― 152
He'll be back by seven.

66 英語の「て、に、を、は…」② ―― 154
It's on the table.

67 英語の「て、に、を、は…」③ ——— *156*
This is for you.

68 「…したことがある」の表現はこれ ——— *158*
I have been to Hawaii.

69 「(ずっと)…している」になると ——— *160*
I have lived here since 1980.

70 「多い」に関する表現には…… ——— *162*
I have a lot of things to do.

71 「少ない」に関する表現には…… ——— *164*
I'll be there in a few hours.

72 「時間」「天候」などの表現 ——— *166*
It'll be windy tomorrow.

73 「〜するのは…だ」のパターン ——— *168*
It's easy to use a PC.

74 「様子・程度」を伝える言葉① ——— *170*
I don't like tender meat.

75 「様子・程度」を伝える言葉② ——— *172*
It took me longer than I thought.

76 「比較表現の表わし方」のコツ ——— *174*
She can ski better than I.

77 「…できる」「…してよい」— etc ——— *176*
May I come in ?

78 「助動詞」の応用表現も大切 ——— *178*
No, you don't have to.

79 「ほかの…」の表現の仕方は ——— *180*
Show me the other, please.

80 「すべての…」などの表現 ——— *182*
Not at all.

81 「道案内をする」際の決まり文句 ——— *184*
I'll inquire the way for you.

82 「応答」の表現—その基本は ——— *186*
You said it.

83 「つなぎ言葉」のうまい使い方 ——— *188*
Apart from that,…

84 「好き」と「嫌い」の言い方は ——— *190*
I'm fond of music.

85 「～させる」の表現をマスター ─── 192
I'll make him call at your office.

86 ビジネスの表現①―対面する ─── 194
It's a pleasure to meet you.

87 ビジネスの表現②―会社の説明 ─── 196
We're doing business in ten countries.

88 ビジネスの表現③―交渉する ─── 198
We'd like to discuss the price.

89 ビジネスの表現④―クレームと処理 ─── 200
The goods were damaged.

90 "get"を使った必須表現 ─── 202
Help me when you get a minute.

91 "make"を使った必須表現 ─── 204
Can you make it ?

92 "come"を使った必須表現 ─── 206
Come and have one.

93 "go"を使った必須表現 ─── 208
I've been on the go these days.

94 "give" "take"を使った必須表現 —— 210
Let's give it more life, shall we?

95 "more" "only"を使った必須表現 —— 212
I like oyster more than all.

96 "hand" "head"を使った必須表現 —— 214
I got a special information from very good hands.

97 "face" "eye"を使った必須表現 —— 216
At the first face…

98 "easy" "good"を使った必須表現 —— 218
Easy does it.

99 "count" "do"を使った必須表現 —— 220
Don't count on me.

100 "day"を使った必須表現 —— 222
It's a big day today.

カバーイラスト	前田美和
本文・カバーイラスト	宮島弘道

"午前中"の生活を上手に表現するための基本フレーズはこれだ

1

―― "午前中"の生活を表現する① ――

まず「目覚める」「起きる」の表現は

Wake up.
（ウェイカップ）
起きなさい。

★ wake up は「目覚める」こと

人間の1日は目覚めたときからスタートする。動作を順を追ってみると、まずベッドの中で wake up（ウェイカップ）して、次に get up（ゲタップ）する。

もっと簡単にいうと、眠っていた人がパチッと目を開いたらwake up したことになる。この表現は、自分が「目を覚ます」のも他人を「目覚めさせる」のにも使える。ただし、後者の意味で使うときには wake と up の間に、起こされる人が入り込むパターンとなる。

◉I woke up late this morning.
今朝は遅く目覚めました。

wake の過去形「目覚めた」は woke up（ウォウカップ）となる。なお、late（レイト）の代わりに early（アーリー）を使うと「早く」という意味になる。I woke up early this morning.「今朝は早く目覚めました」

ベッドで目覚めて、実際に起き上がる、つまり「起床する」のは get up（ゲタップ）である。「起床した、起きた」と過去形でいいたいときは got up（ゴタップ）の形にする。この表現は、実際には「…時に起きる（た）」のように、後に時刻がくる

ことが非常に多い。「…時に」を表わすには、時刻の前に前置詞 at をつける必要がある。だから「…時に起きる(た)」のパターンは、次のようになる。口慣らし、耳慣らしを十分にしておきたい。

get up at … → ゲラッパッ

got up at … → ゴタッパッ

何か奇妙な音に聞こえるかもしれないが、実際にはこのように耳に響くのだ。

◉ Get up. It's already ten o'clock.
起きなさい。もう10時だよ。
already とは「もう」「すでに」という意味。

◉ As I got up at ten, I missed the train.
10時に起きたので、その列車(電車)に乗り遅れたよ。
文頭の As…は「…なので」と理由を表わすときに使う。

◉ What time did you get up this morning?
今朝は何時に起きたの?

このように少し長目の表現のときは、質問の中心、つまり「何時?」をまず口に出し、ワンポーズ置くつもりで発音すると、なめらかに出やすい。次の要領で落ち着いて…。

ホワッタイム…ディジューゲラップ…

ディスモーニング?

また、深夜に電話して「まだ起きてた?」というときは Are you still up?(アーユー・スティラップ)を使うとよい。

2

―― "午前中"の生活を表現する② ――

「顔を洗う」などの決まり文句

Wash up at once !
ウォッシャップ　　　アッワンス

すぐに顔を洗いなさい！

★顔だから face ── と単純に考えてはいけない

朝起きたらほとんどの人（？）は、まず顔を洗ったりヒゲを剃ったりする。

「顔を洗う」から見てみよう。

顔を洗うのだから face（フェイス；顔）をすぐに使いたくなるが、見出しの表現のように wash up がよく使われる。この表現は「顔」だけでなく「手」を洗う意味にもなる。

● Shinichiro's washing himself right now.

真一郎は今、顔を洗っています。

right now（ライ・ナウ）は「今」の意味でよく使われる。ついでに次の表現も覚えておきたい。

● Ayano likes washing in cold water.

あやのちゃんは冷たい水で（顔を）洗うのが好きです。

「お湯で…」なら in hot water となる。

● Wait for a moment. I want to have a wash.

ちょっとだけ待って。（顔または手を）洗いたいの。

for a moment（フォアラ・モーメント）とは「ちょっとの間」、want to（ウォンタ）は「…したい」を表わす。have a wash も使いやすい表現で「（顔や手を）洗う」ことを意味する。

持ち歩き英会話 ❷

（顔や手を）洗う
- ◉wash up（ウォッシャップ）
- ◉have a wash（ハヴァ・ウォッシュ）

wash は基本的に、水を用いて「洗う」ことを意味する。したがって、顔や体だけではなく、食器を「洗う」ことも、車を「洗車する」こともすべてこの語で表わすことができる。

◉Would you help me wash the dishes？
皿を洗うのを手伝ってくれますか。

◉Do you wash your car every week？
あなたは毎週、洗車をしますか。

なお、衣類を「洗濯する」も wash を用いて表わすことができるが、wash を名詞として用いて do the wash のような形で表わす場合が多い。

◉She does the wash every day.
彼女は毎日、洗濯します。

ちなみに、「洗濯物」も wash を使って表わす。

◉I have a lot of wash to do today.
きょうは洗濯物がたくさんある。

次に「ヒゲを剃る」を見てみよう。

これも「顔を洗う」と同様に、顔は登場しない。自分で剃るときには shave（シェイヴ）1語で用が足せる。もっと丁寧にいうときには、shave oneself のパターンを用いる。ついうっかり shave my face などといったら「顔そのものをそぐ」ことになり、とんでもない"大事件"になってしまう。

◉I didn't shave myself this morning.
今朝はヒゲを剃らなかったよ。

3

― "午前中"の生活を表現する③ ―

「歯をみがく」「髪を整える」──

アイブラッシュ　マイティース　トゥワイサ　デェイ
I brush my teeth twice a day.
１日に２度、歯をみがきます。

★ brush は動作も表わす

brushは「ブラシ」の意味で日本語になっているが、動詞として「ブラシをかける」「を磨く」の意味でよく使われる。また、語学など忘れかけていることを「やり直す」ことを表わすときにも brush を使って brush up という。

歯をみがくということは、「歯をきれいにする」ことだから、clean one's teeth（クリーン・…・ティース）といっても同じ意味になる。カッコ内の…には主役（主語）に応じて「…の」を表わす語が入る。

I→my（マイ；私の），You→your（ユア；あなた［たち］の），She→her（ハー；彼女の），He→his（ヒズ；彼の），They→their（ゼア；彼らの、彼女らの）

なお、固有名詞が主役（主語）のときは、固有名詞に-'sの形になる。

Tom→Tom's（トムズ；トムの），Saori→Saori's（さおりの），Shinichiro→Shinichiro's（真一郎君の）

◉ It's better for you to clean your teeth before going to bed.
寝る前に歯をみがいたほうがいいよ。

teeth（ティース）は tooth（トゥース；歯）の複数形である、語尾-th は、発音するときに注意が必要。カッコ内には"ス"と書いたが実際は、口の中で上の歯、下の歯、そして舌先の3点が1か所に集合して作り出す音である。だから、慣れないと息がもれてしまうような気がして、不安に感じるはずだ。"やってみたけど、「ス」の音が出ない"という人が多いが、それでいいのだ。

　次の各語を発音練習していただきたい。
　◉booth（ブース）「売店、ブース」
　◉death（デス）「死（亡）」
　◉cloth（クロス）「布地、テーブル掛け」

　次に朝の"一大事業"である整髪について見てみたい。"No man can resist the lure of a woman."つまり日本式にいうと「女性の髪は象をもつなぐ」というくらいだから大変である。整髪に関する一般的動作は、次のように表現する。

ブラシをかける（とかす）→◉brush one's hair（ヘア）
（髪の）乱れを直す→◉tidy（タイディ）one's hair
髪を分ける→◉part（パート）one's hair
（手を当てて）整える→◉fix（フィックス）one's hair
ふわっとふくらませる→◉fluff（フラッフ）one's hair out

語尾の-f は、上の歯を軽く下唇に当てて息を吹くとよい。
（枝毛など）手入れする→◉trim（トゥリム）one's hair
◉It took much time to fluff my hair out.
　髪の毛をふんわりふくらませるのに時間がかかったわ。
◉ Hanako is always trimming her hair.
　花子はいつも枝毛の手入ればかりしてる。

4

――― "午前中"の生活を表現する④ ―――
「朝食」にまつわる表現――

アイレアリー　　　　ハヴ　　　　ブレックファースト
I rarely have breakfast.
めったに朝食はとりません。

★食事を「とる」には have を使う

　朝食にかぎらず「食物をとる」は have（ハヴ）で十分である。見出しの表現でわかるように、食事の名（朝・昼・夕食）には a, the など（冠詞という）はつかない。

　ただし、delicious（デリーシャス；おいしい）とか、nice（ナイス；すてきな）のような語（形容詞）が食事の前につくときは a が必要になる。

◉ I've just had breakfast.
　ちょうど朝食をとったところです。
◉ It was a very delicious breakfast.
　とてもおいしい朝食でした。

　ここで、再び上の見出しの表現をよく見ていただきたい。2語目に書かれた rarely とは何だろうか?

　答えからいうと否定語である。「…ない」と否定するには、not（ノット）, never（ネヴァ）を使うのが普通だ。しかし百パーセント「…ない」と否定してしまうのでなく「めったに…しない」と、少しは肯定の含みを残した表現が rarely や seldom（セルダム）である。

　この種の言葉を実際の会話で使える人は本当に少ない。相手

持ち歩き英会話 ❹

の質問に対しては rarely や seldom 1語だけでスマートな答えができる。たとえば「よくゴルフをしますか？」に対して…、

Do you often play golf?

Rarely. (レアリー)　→めったにしないよ

Seldom. (セルダム)　→めったにしません

〈注〉 両語の丁寧さの度合いは同じである。

再び朝食に話を戻そう。日本人にとって朝食といえば、すぐに連想するのが"みそ汁"である。では、アメリカ人の連想するものは何だろうか？——それは"卵"だ。「…卵 (料理) が好きです」のパターンで調理法を見てみよう。

I like (ライク)
- boiled eggs. (ボイルド・エッグズ；ゆで卵)
- fried eggs. (フライド；目玉焼)
- scrambled eggs. (スクランブルド；いり卵)
- poarched eggs. (ポーチド；落とし卵)

なお、「堅 (半熟) ゆで」は hard (soft) cooked を使う。

5

―― "午前中"の生活を表現する⑤ ――

「テレビをつける」はとても簡単

ウィリュー　　　ターノン　　　ザティーヴィー
Will you turn on the TV ?
テレビをつけてくれる？

★スイッチを「入れる」は turn on

　テレビにかぎらず、ラジオ、その他の電器製品類、ガスなどすべて「スイッチを入れる(つける)」のは turn on である。turnの発音は"ターン"と口をはっきり開けるのではなく、少しすぼめ気味に"はっきりしないアの音"になるので注意。唇をケガしていると仮定して"ア"の音を出してもらいたい。すると限りなく"エ"に近いアの音が出るはずだ。そのままの唇の形で"ターン"を発音するとうまくいく。

スイッチを入れる → turn on（ターノン）

◉ Though I turned on the radio, it didn't work.
　ラジオのスイッチを入れたのに、音が出なかった。

　この表現には重要な言葉が2つ含まれている。まず、文頭にある Though（ズォウ）だが、これは「…だけれども」と逆接の意味を表わす。つづりを見ると th- となっているから P.20 で説明した"ス"の音が濁った音"ズ"になる。

　また、文尾の work（ワーク）は「働く」だが、この動詞は人間だけではなく、物でも本来の「機能を果たす」ことを表わす。だから、ラジオなら"音を出す"ことが work である。この種

の基本動詞は"柔らかい頭"でその根本的な意味をつかんでおくと、楽に応用ができる。次に示すものの、本来の機能を想像してみてほしい。

　日本語が何であろうと、→の右側の語はすべて work である。
　light（ライト；明かり）→つく、照らす = work
　student（ステューデント；学生）→勉強する = work
　TV（ティーヴィー；テレビ）→映る = work
　brain（ブレイン；頭脳）→考える = work
　watch（ウォッチ；時計）→動く = work

　これらはほんの一例にすぎない。身のまわりのものを work を使って表わす練習をしてほしい。

「(車の)エンジンがかからないよ」だったら、何というだろう？ → The engine doesn't work. である。

　さて、「スイッチを入れる」「作動する」はわかったが、その逆に「スイッチを切る」のは何というのだろう。これも簡単で turn off（ターノフ）を使って表わす。

スイッチを切る→ turn off（ターノフ）

　電器製品のスイッチには"on と off"が書かれているので大変わかりやすい。つまり、turn に on と off がついて「(スイッチを) 入れる、切る」を表わしているわけだ。

◉ Turn off the gass, please.
　ガスを止めてくださる？

　turn の代わりに switch（スウィッチ）を動詞として使うこともできる。switch on ［off］となるわけだ。

◉ Shall I switch off the light ?
　明かりを消しましょうか？

6

―― "午前中"の生活を表現する⑥ ――
「テレビ・新聞」の情報を語るとき

The weather report says…
ザウェザーリポート　　　　　　　セズ
天気予報によると…

★「…によると」は say(s)

　もちろん上の表現は、これだけで完成しているわけではない。テレビ、ラジオの天気予報は"ウェザー・リポート"という。また、予報番組は、weather show（ウェザー・ショウ）と呼ばれる。

　ポイントは、見出しの表現で使われている says だ。話題の展開で「…によると」はよく使う表現だが、こんなときに大切な働きをしているのが says である。表現を完成させてみよう。「天気予報によると」どんな天気になるのだろう。

The weather report says it'll be ┌ fair.（フェア）
　　　　　　　　　　　　　　　　│ occasional rain.
　　　　　　　　　　　　　　　　│ （オケイジョナル・レイン）
　　　　　　　　　　　　　　　　└ snow.（スノウ）

say の意味を再確認したい。英語を直訳すると「天気予報が…と言う」となる。つまり「天気予報によると…」と考えることができるわけだ。同じように The newspaper says…といえば「新聞によると…」の意味になる。

　さて、上の表現の fair, occasional rain の意味は何だろうか？

「晴天」「ときおり雨」という意味である。"あれッ、晴れは fine（ファイン）でいいんじゃないの？"と思われた人も、もちろん正解である。

ただし、一般の会話ではなく天気予報では「晴れ」は fair が使われる。ここで、天気予報で使われる天気用語を見てみよう。

晴れ、晴天	fair（フェア）、sunny（サニー）
快晴	mostly sunny（モストリー・サニー）、mostly clear（クリアー）
雨	rain（レイン）
どしゃぶり雨	heavy rain（ヘヴィ・レイン）、downpour（ダウンポワ）
小雨	light rain（ライト・レイン）
こぬか雨	drizzle（ドゥリズル）
所により雨	scattered rain（スキャタード・レイン）
雷雨	thundershower（サンダーシャワー）
通り雨（にわか雨）	shower（シャワー）
くもり	cloudy（クラウディ）
雪	snow（スノウ）
吹雪	snowstorm（スノウストーム）
寒波	cold wave（コウルド・ウェイヴ）
熱波	heat wave（ヒート・ウェイヴ）
降水確率	chance of rain [snow]（チャンゾウ・レイン［スノウ］）
雨期	rainy season（レイニースィーズン）
台風	typhoon（タイフーン）

7

―――― "午前中"の生活を表現する⑦ ――――

「テレビを視る」「ラジオを聴く」

アイウォッチ　ティーヴィー　　　　エブリモーニン
I watch TV every morning.
毎朝、テレビを視ます。

★特定の番組や人物を「見る」場合はseeを

テレビを「視る」にはwatch（ウォッチ）を使う。ただし、特定の番組（program；プログラム）や人物を「見る」ときにはsee（スィー）を用いる。

◉I have no time to watch TV.
　テレビを視る時間（暇）は全然ありません。
◉I saw him on channel 7 last night.
　昨夜7チャンネルで彼を見ました。

「…チャンネルで」はon channel…"オンチャネル…"となる。saw（ソー）はseeの過去形で「見た」の意味。

ちなみに「テレビの放送局」はTV station（ティーヴィー・スティション）、「ラジオの放送局」はradio station（レイディオ・スティション）という。

ラジオを「聴く」にはlisten to（リスン・トゥー）を使ってlisten to the radioという。

◉I usually listen to the radio while driving.
　いつも（車を）運転中はラジオを聴きます。

usually（ユージュアリ）とは「いつも、通例」という意味。while…ing（ワイル…）のパターンは「…する間に」を表わす

とても便利な表現だ。

while の後には本来「…が〜する間に」の意味で、ちゃんとした文（主語と述語のある表現）がくる。短くした形が while + …ing のパターンだ。省略前の形では次のようになる。

I usually listen to the radio while I am driving.
次のような表現も可能だ。

While in Kyoto, I would often go out to see temples.
「京都にいるときは、よくお寺を見に出かけたものですよ」

この場合は、While I was in Kyoto, …が短く省略されたもの。なお、While〜は文の始まりに置いても、後半に置いてもよい。

さて、情報を伝えるメディア（媒体）はテレビとラジオだけではない。新聞(newspaper；ニューズペイパー)は、朝の光景には欠かせない。paper（ペイパー）とだけつづってもよい。

新聞を「読む」は read を用いる。過去形はまったく同じつづりだが、発音は"レッド"（赤色を表わす red と同じ発音）となる。

◉Did you read today's paper？
今日の新聞を読みましたか？

ところで、「新聞をとる」とはどのようにいえばいいのだろうか？─答えは take a paper（テイカ・ペイパー）である。ただし、紙名（読売、朝日など）でいうときは take the Yomiuri のようになる。紙名には the（ザ、ズィ）がつくので注意。

新聞に関する語は次の通り。

朝［夕］刊；a morning [an evening] paper、英字新聞；an English paper、新聞売場；a newsstand（ニューズスタンド）、見出し；headline（ヘッドライン）

8

―――― "午前中"の生活を表現する⑧ ――――

「かたづける」と「掃除する」

レッツ　　クリアーザ　　テーブル
Let's clear the table.
食卓（食器など）をかたづけましょう。

★微妙なニュアンスの違いをうまく表わす

「かたづける」といってもさまざまで、その微妙なニュアンスの違いによって、いろんな英語が対応する。

見出しの表現に使われている clear（クリアー）も「かたづける」の1つである。clear the table となると、テーブル上にあるものを"取り除いて"きれいにすることを表わす。決してテーブルそのものを取り除くことではない。

ここで、さまざまな「かたづける」を確かめてしっかり頭の中にしみ込ませておこう。

❖（部屋などを）かたづける［整頓する］のは、

　fix up（フィクサップ）→口語（話し言葉）でよく使う。

　put … in order（プッ…インオーダー）→本などを所定の位置にきちっと並べる感じ。order は順序、並びを表わす。だから"並びがバラバラの状態"つまり「散らかっている」なら（be）out of order（アウトヴ・オーダー）という。

　tidy up（タイディーアップ）→全体的にきちんとしていることを示す。

◉I'll fix up my room for the party.
　パーティーをするので部屋をかたづけよう。

持ち歩き英会話 ❽

● First of all, put these books in order.
まず、この本をきちんと並べ（かたづけ）なさい。

● Your room's always tidied up, isn't it ?
あなたの部屋はいつもきちんとかたづいてますね。

❖ フロアに「掃除機をかける」のは、
vacuum（ヴァキューム）→口語で使う。vacuum cleaner のこと。

● Will you vacuum the floor ?
掃除機をかけてくれる？

❖ ある物を所定の場所へ「戻してかたづける」ことは、
put…back（プッ…バック）→put は「置く」、back は「うしろへ」ということ。

● Will you put it back ?
それを戻して（かたづけて）くれる？

❖ 仕事などを「かたづける」なら、
finish（フィニッシュ）→簡単にいえば"仕事を終らせる"
get … done（ゲッ…ダン）→…には「仕事、用件など」が入る。

● Just a moment please. I'll finish it.
ちょっと待って。それをかたづける［終らせる］から。

● I have to get my work done by five.
5時までに仕事をかたづけ［終らせ］なけりゃならないんだ。

文尾にある by…の表現は、便利なのでマスターしておきたい。つまり、by（バイ）の後に時刻に関する語がきたら、「…時までには」の意味になるのだ。

by seven-thirty →7時半までには、by noon（ヌーン）→お昼までには。

9

―― "午前中"の生活を表現する⑨ ――

「服を着る・装う」はさて――

What shall I wear today ?
(ウッシャーライ　ウェア　トゥディ)

今日は何を着ようかしら…。

★「着る」動作と「すでに着ている」状態を分ける

　服に関する動作については、「着る」動作そのものと「すでに着ている（装っている）」状態を示す表現を区別して覚える。
　まず、次の表現をマスターしよう。
「（服を）着る」は、put …on または get …on を使う。

● It's cold outside. You'd better put the coat on.
　外は寒いよ、コートを着たほうがいいよ。

　これに対して、着る動作そのものではなく「身につけている、装っている」のは wear（ウェア）, have（ハヴ）…on, または (be) dressed in …（ドゥレストゥ・イン）を使う。よく使う表現だからよく頭に入れておきたい。

…を着ている　
- **wear**（ウェア）
- **have**（ハヴ）**…on**
- **be dressed in** …

● Have you ever worn Kimono ?
　キモノを着たことがありますか？

worn（ウォーン）とは wear の過去分詞形のこと。ただし、この種の文法は無理して覚える必要はない。このパターンでは、次の表現はよく使うので暗記しておくと便利である。

Have you ever ⎰ seen … ?　　…①
　　　　　　 ⎨ been to … ?　…②
　　　　　　 ⎱ eaten … ?　　…③

①"ハヴュー・エヴァー・スィーン…"と発音する。…には人、物などが入って「…を見たことがありますか？」を表わす。Have you ever seen a panda ?

②"ハヴュー・エヴァー・ビーントゥ…"と発音する。…には主に場所が入って「…へ行ったことがありますか？」を表わす。Have you ever been to Hong Kong ?

③"ハヴュー・エヴァー・イートゥン…"と発音する。…には食物が入って「…を食べたことがありますか？」を表わす。Have you ever eaten "Natto" ?

ひきつづき、have…on と be dressed in のパターンを見てみることにしよう。

◉Kathy often has a sweater on, doesn't she ?
キャシーは、よくセーターを着ていますね。

文尾の doesn't she は「…ですね」と軽い確認をする表現。

◉Do you know the woman who is dressed in black ?
黒い服を着ているあの女性を知ってますか？

なお、前のページで登場した wear は「着ている」だけでなく「を身につけている」意味でも使える。→wear glasses「めがねをつけている」、wear a ring「指輪をはめる」、wear lipstick（リップスティック）「口紅をつける」、wear a tie（タイ）「ネクタイをつける」など。詳細は次の項目を参照。

10

―――― "午前中"の生活を表現する⑩ ――――

身だしなみの基本「化粧」は――

アイウェア　　　　　ノウメイカップ　　　　トゥディ
I wear no make-up today.
今日、お化粧していないのよ。

★厚化粧、薄化粧はそれぞれどう表現する……

「化粧をする」は、上の例文のように wear または make up（メイカップ）を使う。

また、「厚化粧をする」というような場合には put on（プットン）も使える。

◉Wait a moment, please. I'd like to make up my face.
　ちょっと待って。お化粧したいの。

◉Say, she always put on heavy make-up, doesn't she ?
　ねえ、彼女いつも厚化粧してるわね。

「化粧する」つまり動作のときは make up となり、「化粧」つまり名詞を表わすときは make-up と1語になるので注意。

なお、「薄化粧」は light make-up（ライト・メイカップ）。もともと「化粧をしない」のは、use no make-up（ユーズ・ノウ・メイカップ）である。「商品」を表わす cosmetics（コズメティックス）を使う必要はない。この語は、発音するときは"メ"の音を強くいう。

◉As I have a delicate skin, use no make-up.
　肌が弱い（敏感な）ので、化粧しません。

このように「肌が弱い」は delicate skin（デリキット・スキ

持ち歩き英会話 ⑩

> I wear no make-up today.

ン）という。逆に「肌が強い」なら strong skin（ストゥロング・スキン）を使うとよい。

また、「化粧を落とす」は、remove one's make-up というフレーズを使う。

◉I want to remove my make-up.
化粧を落としたいの。

remove は"リムーヴ"と発音する。

次に"お化粧"に関連する語句を示してみた。男性諸氏も「オレには関係ないよ」といわずにどうぞ。きっと"何かの"役に立つはずです。

マニキュア	manicure	アイシャドー（をつける）	eye shadow / put on eye shadow
パック	mask(マスク)		
おしろい（パウダー）	powder		
		香水	perfume（パフューム）
眉ずみ	eyebrow pencil（アイブラウ・ペンシィル）	荒れ性	dry(ドゥライ)
		油性	oily(オイリー)

11

―― "午前中"の生活を表現する⑪ ――

「…しに行く」のパターンを覚える

アイル　ゴウ　　　ショッピング　　　トゥディ
I'll go shopping today.
今日、ショッピングに行きます。

★ go …ing のパターンをしっかり頭に入れよ

「…しに行く」は go …ing のパターンで表わす。いったんマスターすると実に便利で手離せなくなる。ing とは動詞の原形（基本形）に ing がついた形のこと。

　次に示したのは「…しに行きましょうよ」のパターンである。☐の中に後に示した各語を入れて口慣らしをしてほしい。

レッツ　ゴウ　　　　　　　　シャールイ
Let's go ☐, shall we ?

[ing 形]	意　味
angling（アングリング）	魚釣り、fishing と同じ
playing golf（プレイング・ゴルフ）	ゴルフをしに
playing tennis（〜テニス）	テニスをしに
swimming（スイミング）	泳ぎに
dancing（ダンスィング）	踊りに
drinking（ドゥリンキング）	飲みに
seeing a movie（スィーンガ・ムーヴィー）	映画を見に
eating out（イーティンガウト）	外で食事しに

go…ingのパターンとほぼ同じ感覚でgo for a…のパターンも使える。この場合…には名詞が入る。

◉Let's go for a walk.
散歩に行きましょう。

◉Let's go for a drive, shall we ?
ドライブに行こうよ、ねっ？

目的をはっきりと示さないで単に「外出する」のであれば、go out（ゴウアウト）が適当である。

◉I have to go out evening.
夕方、出かけなければなりません。

have to（ハフトゥー）は「…しなければならない」を表わし後には動詞の原形（基本形）がくる。有名なmust（マスト）と同じ意味である。

「…で外出する」のように目的がつくときはgo outの後に、for…をつける。

◉My parents went out for a party.
両親はパーティーに出かけました。

◉I'm going out for shopping.
買い物に行くところなの。

単純に「…へ行く」はgo to…（ゴウトゥー）だが、これも"外出する"意味合いで用いられることがある。もちろん、定期的に"通う"ことにも使う。

◉He has gone to school.
彼はもう学校へ行ってしまいました（今、いません）。

何度もいうまでもないが「行く」はgoであるが、相手の立場に立っていうときはcome（カム）が「行く」意味で使われる。

すぐ（そちらへ）行きます。→I'll come right away.

12

―――― "午前中"の生活を表現する⑫ ――――

「エレベイターに乗る」「階段をおりる」

Let's take an elevator.
レッツ　テイカンエレヴェイター

エレベイターに乗りましょう。

★エレベイターに「乗る」は take か ride

　建物が高くなるにつれて、エレベイター（elevator）の重要度は増してくる。しかし、エレベイターが混み合ったら階段を利用するしかない。

　elevator は主にアメリカ語で使われ、イギリスでは lift（リフト）が使われる。スキー場の"リフト"もこれ。

　見出しの表現に示したように「エレベイターに乗る」には、take を使う。また同じ意味で ride in（ライドイン）も使える。

◉Let's ride in an elevator.

　エレベイターに乗りましょう。

　最近はほとんどのエレベイターがセルフサービスになったが、ホテルやデパートなどでは案内嬢がいる。例のフレーズ"上にまいりまーす"は何というのだろうか？

　Going up.（ゴーインガップ）というのだ。

　また逆に"下にまいりまーす"なら Going down.（ゴーインダウン）という。

　つまり、"上へ"なら up、"下へ"なら down が go とセットになっているわけだ。だから「エレベイターで上に昇る」なら、go up in an elevator、「エレベイターで下に降りる」なら go down in an elevator と表わす。

● We're in a hurry, so let's go up in an elevator.
急いでいるんだから、エレベイターで昇りましょう。

ちなみに、セルフサービスのエレベイターのボタンに…3・2・M・1…となっていることがある。"M"とは何階を表わしているのだろうか。――つづりを全部書くと Mezzanine（メザニーン）となり「中2階」のことである。

ついでにもう1つ覚えていただきたい。日本の男性で、海外に行ってエレベイターにかぎらず公共の乗り物に、うっかり女性をさし置いて乗り込む人がいる。本人は気づかないが、まわりから白い眼で見られていることがある。

なにも、キザっぽく西洋かぶれする必要はないが"郷に入れば…"である。余裕をもって、スマートに次の1句を告げたい。

After you, please. → お先にどうぞ
（アフター　ユー　プリーズ）

エレベイターがだめなら「階段」を利用するしかない。「昇る」「下る」はエレベイターと同じに go up, go down を使う。
「階段」は stairs（ステアーズ）という。

● When I was going down the stairs, I sprained my ankle.
階段を下りているとき、足首を捻挫しました。

sprained（スプレインド）は「捻挫する」ことを表わす。had my ankle sprained という言い方もある。また、ankle は"アンクル"と発音する。

「昇る、下る」は go upstairs, go downstairs の形で、アップステアーズやダウンステアーズということもある。「階段を下りましょう」→ Let's go downstairs.

13

―― "午前中"の生活を表現する⑬ ――

「乗り物に乗る・降りる」なら

ハリーアップ　　　　　アンユーカン　　　　キャッチイット
Hurry up, and you can catch it.
急ぎなさい。(列車などに)間に合いますよ。

★**動詞, and(or)…の言い方に慣れてしまう**

　上の表現は"乗り物"に「間に合う」ことを表わしていて、動詞は catch（キャッチ）を使う。

　catch は本来動いているものを「捕まえる」という意味である。だから、まさに動き出そうとしている電車、列車、地下鉄などに"飛び乗る"感覚が生まれるのだ。

　Hurry up は「急ぐ」という意味。乗り物に関連して欠くことのできない表現である。

　ここで、もう1度見出しの表現を観察していただきたい。文頭に動詞（動作）がきて、それを and 以下の文が受けている。このパターンは「～しなさい。そうすれば…ですよ」の意味を表わす。文法用語でいえば命令文である。

　また、これとは逆の意味で「～しなさい。さもないと…ですよ」を表わすパターンもある。これら2つのパターンを頭に十分に入れておきたい。

動詞, and …→～しなさい、そうすれば…

動詞, or …→～しなさい、さもないと…

持ち歩き英会話 ⓭

「そうすれば」と接続すると、その後には比較的に"うまくいく"ことがきて、「さもないと」となると、後には"何か都合の悪い"ことがくることになる。

◉Get up at five tomorrow, and you'll be in time.
　明日は５時に起きなさい。そうすれば間に合うよ。

◉Go at once, or you'll miss the train.
　すぐ行きなさい。さもないと列車（電車）に遅れるよ。
　miss（ミス）とは「乗り遅れる」こと。
　本題に戻ろう。

　公共輸送機関（電車、列車、バス、タクシー、飛行機など）に「乗る」については少し注意が必要である。

　実際に「乗る」動作は get on（ゲットン）を使い、乗り物は何にするかの選択性を示すときには take（テイク）を用いる。

◉Please get on the bus.
　どうぞそのバスに乗り込んでください。

◉I'll take a taxi [cab].
　私はタクシーにします。

「…の乗り物で行く」もよく使う表現である。この場合は、go by 乗物、のパターンとなる。

go by ｛ train（トゥレイン）　　→列車（電車）で行く
　　　 subway（サブウェイ）→地下鉄で行く
　　　 car（カー）　　　　　→車で行く
　　　 bicycle（バイスィクル）→自転車で行く
　　　 plane（プレイン）　　→飛行機で行く

　この"ゴウ・バイ"のパターンでは、by の後に続く乗り物の前には、a, an, the の冠詞がつかないので注意したい。なお、「徒歩で行く」ときは go on foot と表現する。

14

―― "午前中"の生活を表現する⑭ ――

日常的な「間に合う・遅れる」

<ruby>アイムソーリー</ruby> <ruby>トゥビー</ruby> <ruby>レイト</ruby>
I'm sorry to be late.
遅れてすみません。

★「間に合う」「遅れる」は会話の必須表現

「間に合う」と「遅れる」に関する表現は数多くある。それだけ日常生活で、よく使われているわけだ。
　まず、「間に合う」から見ていきたい。

(…に)間に合う → be in time (for) …
（イン　タイム　フォア）

◉ I'll come in time for the meeting.
　会議に間に合うように行きます。
◉ I was just in time for the 6 o'clock train.
　6時の列車（電車）に間に合いました。

　また、ぎりぎりで列車などに「間に合う」というときには、前のページで説明した catch を使う。
　もう1つ、重要だが実に簡単な表現をぜひマスターしていただきたい。時間の約束などをして「その時間に間に合いますか?」を表わすには make it を使う。

キャニュー　メイキッ(ト)
Can you make it ? → 間に合う(大丈夫)?

◉ The plane takes off at ten. Can you make it ?
　飛行機は10時に離陸します。間に合いますか?

もちろん、文尾にある it は所定の時刻を表わしているわけだ。

さて、次に「遅れる」について考えてみたい。見出しの表現ですでにおわかりだと思うが、「遅れる」には be late を使う。

(…に)遅れる → be late (for)…
レイト　フォア

◉I was thirty minutes late for the meeting.
会議（会合）に30分遅れました。

詳しく遅れた時間まで入れたいときは、このように be 動詞と late の間に…minutes（ミニッツ；〜分）、…hours（アワーズ；…時間）などを入れる。

今度は所定の時間に遅れるのとはちょっとニュアンスが違って、予定や進度が「後れる」について見てみよう。

一般的には、まず be behind が考えられる。behind（ビハインド）とは「…の後に；後れて」いる状態を表わす。だから、次のような表現が可能になる。

◉I'm much behind in my work.
仕事がとても後れているんです。

◉Our company is behind the times.
わが社は時勢に（乗り）後れている。

この表現では、文尾の the times に注意したい。うっかりして behind time とやってしまうと、単に「時間に遅れる」になってしまう。

また、"ファッション"の「流行に後れている」なら be out of fashion（アウトヴ・ファッション）となる。

◉My father is always out of fasion.
うちの父はいつも流行に後れています。

always（オールウェイズ）は「いつも」という意味。

43

15

―― "午前中"の生活を表現する⑮ ――

スムーズに「始まる・始める」には

イッツ　　ビギニング　　トゥー　　レイン
It's beginning to rain.
雨が降り始めましたよ。

★ビギンとスタートの細かな差を知っているか

"始まる"や"始める"といえば、ほとんどの人は begin または start がすぐに頭に浮かぶはず。ところで"ビギン"と"スタート"のニュアンスの違いを知っている人は、どのくらいいるだろうか?

- begin → 比較的に持続性のあることを「始める」。またはそれが「始まる」こと。反対語は finish。
- start → 静止状態のものが動き「始める」。またはそのような動作が「始まる」こと。物事に「着手する」という意味では begin とほとんど同じである。「出発する」という意味の時は for をつけてそのあとに目的地を示す。

◉ School begins in April in Japan.
　日本では4月から学校(学期)が始まります。
◉ The party begins at seven.
　パーティーは7時に始まります。

begin は「…し始める」のように後に動作をとるとき begin to …のパターンで、「…から(…時に)始まる」のように季節、時刻などがくるときは begin in 季節、begin at 時刻のパター

ンになる。
◉ The engine won't start.
　エンジンがかからない。

「エンジンがかかる」とは、"静止状態"のエンジンが回転を「始める」ことだからだ。また、start には「何かを生み出す」または「何かが生じる」という意味もある。
◉ Mr. Harada started this company.
　原田氏がこの会社を創設しました。

ここで、「始まる」について、まったく異なる言い方を見てみたい。

　　ゲッ　　アンダー　　ウェイ
get under way →始まる

一見難しそうに感じるが、何度か口慣らしをすると意外に簡単で便利。
◉ Say, the game's getting under way.
　ねえ、試合が始まるよ。

　セッティン
set in →始まる

この表現は、とくに"…の季節が始まる"ことを示す。だから雨とか雪の季節の始まりを表わすときにはぴったりと決まる。
◉ The rainy season has set in.
　梅雨に入ってしまいました。

　デイト　　フロム
date from →から始まる[にさかのぼる]

"起源"を表わすにはもってこいの言い方である。
◉ This custom dates from the 17th century.
　この習慣は17世紀に起こりました。

16

―――"午前中"の生活を表現する⑯―――
「パートをする」― etc

<ruby>アイ</ruby> <ruby>ハヴァ</ruby>　　　　　　　　<ruby>パート タイム</ruby>　<ruby>ジョブ</ruby>
I have a part-time job.
パートをしています。

★日本語のパートは、まったく通じない……

　日本語の"パート"は、見出しの表現 part-time job を短縮したものでこのままでは英語として通じない。
「パートをする」は、上の表現以外に次のようにもいう。

◉I work part time.
　パートをしています。

"パート"に対して"常勤"は full-time job（フルタイムジョブ）というが、この語はあくまで「パートですか？　それとも常勤ですか？」というときに使い、普通に就職しているのなら job だけでいい。

　勤めの話題になれば、自然に勤務条件（working condition）のことに話が及ぶ。

◉We keep five-day work week.
　うちの会社は週休2日制です。

"ファイヴディ・ワーク・ウィーク"は決まった言い方だが、ちょっと長過ぎる、と思う人は work を省略してもかまわない。
「週休3日制」の幸せな人は four-day（work）week となる。

◉Our company keeps a 40-hour week.
　会社は週40時間制です。

もちろん、パートの人なら次のようにいう。

◉I work for three hours a day.

１日に３時間、働きます。

次に重要なのは"支払い条件"つまり payment system（ペイメント・スィステム）のこと。

まず次のキーワードを頭に入れておこう。

月給→monthly pay［salary］（マンスリー・ペイ）

週給→weekly wage（ウィークリー・ウェイジ）

日給→daily wage（デイリー・ウェイジ）

時給→hourly wage（アワリー・ウェイジ）

サラリーマンなら月給制が基本だが、パートであればほとんどは"時給制"となっているはずだ。

◉I am paid by the hour.

１時間いくら（時給制）で支払われます。

また、職種によっては「出来高払い制」の場合もある。

◉I am paid by the job.

出来高払い制です。

17

―――― "午前中"の生活を表現する⑰ ――――

「銀行・郵便局」でのフレーズ

ハウマッチ　　インタレスト　ドゥー　ゼイ　ギヴ
How much interest do they give?
（預金の）利率はどれくらいですか？

★ interest は預金などにつく「利子」のこと

　上の表現で they は、会話の中に登場する銀行（bank；バンク）を示している。だから、直接銀行員（a bank clerk；ア・バンク・クラーク）に対面しているときは表現の後半は"…do you give?"となる。

　預金などにつく「利子」は interest（インタレスト）でよい。

◉ I'd like to deposit money in a bank at high interest.
　高い利子で（銀行に）預金したいのです。

　"アイドゥライクタ・ディポウズィッ・マニー…"の要領で発音する。

　I'd like to は「…したいです」を表わし、I want to…より少し丁寧な表現。

◉ If you put money, it yields interest at 5% in a year.
　預金すれば、年に5％の利子がつきます。

　これは銀行員の言葉かもしれない。put money（プッ・マニー）は前出のdepositと同じ意味で「預金する」を表わす。

　yield（イールド）は「（利子）を生み出す」こと。

　お金は預けるばかりでは面白くない。次に「（預金）を引き出

持ち歩き英会話 ⓱

す」を見てみよう。

「預金をおろす」のは draw one's money（ドゥロー・…・マニー）を使う。

●I'd like to draw money, but I don't know how to operate the cashomat.

お金を引き出したいのですが、（現金）支払い機の使い方がわかりません。

これは現金支払い機を前にした表現。あなたが銀行員なら、頭に入れておきたいもの。もし外国人のお客さんが来たら…。

なお、cashomat（キャシォマット）とは cash（現金）と automat（自動装置）が融合されたもの。

●I got a 30-year loan.

30年のローンを組みました。

家だ、子供の進学資金だと大変である。これは、客の側から見たローンの表現である。

次に日常生活における金融関係の語句を示してみた。会話のキーワードにしていただきたい。

city bank	都市銀行	credit card	クレジット・カード
credit bank（クレディット）	信用金庫		
bank book	預金通帳	debit card（デビット）	キャッシュ・カード
ordinary deposit（オーディナリ）	普通預金		
time deposit	定期預金	card company	カード発行会社
interest	利子		
interest rate（レイト）	利率	check（チェック）	小切手
deposit rate	預金金利	account（アカウント）	預金口座
loan rate	貸出し金利	account number（ナンバー）	預金口座番号
bank hour	銀行営業時間	ATM	自動窓口機

18

―― "午前中"の生活を表現する⑱ ――

「事務処理」に欠かせない表現

Will you take a copy of it ?
ウィリュー　　テイカ　　　コピー　　オヴイッ

それのコピーを1枚とってくれますか?

★ *paper*（ペイパー）には書類の意味がある

「コピーをとる」には、make a copy of…（メイカ・コピー・オヴ）も使う。

オフィスワークでは、コピーに関する表現は欠せない。

◉Would you make two copies of the paper ?
　その書類のコピーを2枚とってくれますか？

◉How many copies do you want ?
　コピーは何枚とりますか？

◉I'd like three copies each.
　それぞれ3枚ずつコピーをとってください。

three copies each（スリーコピーズ・イーチ）に注意していただきたい。each は「おのおの、めいめい」ということ。形容詞として働くときは、Each student works hard. のように、名詞（この文では student）の前につき「個々の」の意味を表わす。この場合は、each の後の名詞は"単数形"となるので注意したい。

説明が前後するが、上の例文で示したように「書類」には、paper（ペイパー）を使う。この語の意味は「紙」が一番よく知られているが、この他に「書類」や「新聞」などがある。

持ち歩き英会話 ⑱

> Will you take a copy of it?

この場合、papers の形で複数形でも使うことができる。また「書類」として document（ドキュメント）を使うこともある。

● It's a kind of important document.
　それはちょっと重要な書類です。

　もちろん、文尾を paper に置き換えても同じ意味となる。

● Please bring me papers relating to the plan.
　その計画に関連する書類をもって来てください。

　bring（ブリング）は「…をもって来る」、relating to …（リレイティング・トゥー）は「…に関連する」ということ。

● I want look over the papers.
　書類に目を通したいんだ。

　look over（ルック・オウヴァー）は書類などにさっと「目を通す」こと。

　なお、重要書類については、㊙扱いにすることがある。書類上にスタンプを押すのも、言葉でいうときも confidential（コンフィデンシャル）、または、classified（クラスィファイド）を使う。

19

―― "午前中"の生活を表現する⑲ ――

「洗濯する」など身近な表現は

アイム　　ハンギングアウト　　　ザウォッシュ
I'm hanging out the wash.
洗濯物をほしているのよ。

★「洗濯する」は get [have] a wash がよい

　上の見出しの表現は、洗濯物をほしているときに外国人から電話がかかったか、訪問を受けたときのフレーズである。
　「洗濯物」は、the wash でよい。「洗濯する」と動作を表わすときは get [have] a wash（ゲッタ［ハヴァ］ウォッシュ）が適当。類似の表現はP.18〜19を参照。

◉I'm getting a wash. Can I call you later ?
　洗濯してるの。あとで電話してもいい？

　call（コール）は「電話をする」ことで call 人 up のパターンでも使うことが多い。

◉I don't think this stain will wash out.
　この汚れ（しみ）は洗っても落ちないと思います。

　wash には「…を洗う」と対象物を洗うこと以外に、「洗濯がきく」のように、洗濯される物を主語に置いて述べる用法がある。同じ意味で be washable（ウォッシャブル）も使える。

◉Are these pants washable ?
　このズボンは（家庭で）洗えますか？

◉Is this washing color ?
　洗濯しても色落ちしませんか？

持ち歩き英会話 ⑲

　次にアイロンについて説明したい。まず注意したいのが発音。"アイアン"が正しい発音で、日本式のアイロンは iron を単にローマ字読みしたもの。ゴルフクラブに"アイアン"があるがその名の通り、もともと鉄製であったことを表わしている。
　「アイロンをかける」では、iron out…（アイアンアウト）、または press…（プレス）を使うとよい。

◉ Mother irons out some shirts every day.
　母は毎日シャツにアイロンをかけます。

◉ I'm quite tired with pressing a lot of clothes.
　たくさんの服をアイロンがけするのに疲れたわ。

　be tired with…（タイアード・ウィズ）の形で「…に疲れる」の意味を表わす。なお、be tired of…となると「…にあきる」、または「うんざりする」を表わす。

　化学繊維製の"ノーアイロン"の服は、drip-dry（ドゥリップドゥライ）という。余裕のある人は頭に入れておきたい。
　なお、「クリーニングに出す」には send（センドゥ）を使って、次のように表現する。

◉ Shall I send the wash to a laundry?
　洗濯物をクリーニングに出しておきましょうか？

　laundry（ローンドゥリ）は「クリーニング店」のこと。街中やホテルなどで見かける"コインランドリー"なら launderette（ローンダレット）と呼ぶ。

◉ Is there a launderette near here?
　近くに"コインランドリー"がありますか？

　near here（ニアヒア）は「近くに」を表わす。同じような表現に around here（アラウンドヒア）があり「ここらあたりに」の意味を表わす。

20

―― "午前中"の生活を表現する⑳ ――

覚えたい「…しませんか」のパターン

<ruby>ハウアバウト</ruby> <ruby>ハヴィングランチ</ruby> <ruby>ウィズミー</ruby>
How about having lunch with me ?
昼食を一緒に食べませんか?

★ 誘うときに便利な How about … ?

　How about …ing（ハウアバウト…）は「…しませんか」、または「…したらどうですか」を表わす典型的なパターン。

◉ How about going to the department store ?
　デパートへ行きませんか?

　日本語では、「百貨店」のことを"デパート"というが、これは英語の department store を短縮したもので、このままでは通じない。

　同様の和製英語には十分注意したい。→の後が正しい英語。
アパート→apartment house（アパートメント・ハウス）
パーマ→permanent wave（パーマネント・ウェイヴ）
エアコン→air conditioner（エア・コンディショナー）
センター［野球］→center field（センター・フィールド）
コンプレックス→inferiority complex（インフェリオリティ・コンプレックス）

　いかがだろうか? 以上はほんの一例にすぎないが、それでも2、3個は"アレッ、そうだったのか"と感じた人も多いはずだ。ただし、これらは少しでもオリジナルの跡が残っているが、カタカナ英語の中には完全に日本で創作された"一見英語

持ち歩き英会話 ⑳

> How about having lunch with me?

TOM'S RESTAURANT

らしい"ものが多数あるので要注意だ。

本題に戻ろう。

デパートといえば、売り場は各階に分かれている。「…階」に関する表現から見てみよう。

…階に(ある)→ on the … floor
（オン ザ フロア）

…には次に示す序数詞が入る。口と耳を慣らしてほしい。

first（ファースト）　→ 1番目の、最初の
second（セカンド）　→ 2番目の
third（サード）　　→ 3番目の
fourth（フォース）　→ 4番目の
fifth（フィフス）　　→ 5番目の

◉ It's on the sixth floor.
　6階にあります。

序数詞は1、2、3で終わるものを除いては、すべて数を表わす語の終わりに"th"をつける。この部分の発音は日本語の

"す"の音ではなく、上下の歯で舌先を軽くかむ、"ス"の音。息のもれる音だけで、はっきりした「す」ではないので最初は不安に感じる人が多いが、実際正しい発音をすると、ほとんど相手の耳には届かない程度の音になる。

◉It's on the seventh floor.
　それは（売り場などの）7階です。

　ところで、アメリカと英国では階の言い方が違う。日本はアメリカと同じ方式で階を表わすが、英国では"地面と同じの高さ"の階を the ground floor（ザ・グラウンド・フロア）という。そして日・米式の「2階」を the first floor という。だから英国式で表現するときは、頭に浮かんだ階からマイナス1しないと正しく通じないことになる。

　少々ややこしいが、逆に英国内で "on the tenth floor" といわれたら、あなたは頭の中でプラス1して解釈すべきだ。つまり「11階に」を表しているのだ。

　売り場をたずねるときは、おなじみの where's …? のパターンを使うのがよい。

Where's the … department ?
　　　ウェアザ　　　　　　　　　ディパートメント

「…売り場はどこですか？」ということ。大型店では一般的に deparment を使うが corner（コーナー）でも通じる。

◉Where's the sporting goods corner ?
　スポーツ用品売り場はどこですか？

　もしあなたが、外国からの旅行者に上のように聞かれたら、
◉Follow me, please.
　ついて来てください。

"フォローミー・プリーズ"の一言で案内してみては？

2 "午後"の生活パターンを的確に表わすための基本フレーズはこれだ

21

―― "午後"の動きを的確に表わす① ――

「休憩」にもいい表現がある

ウィ ハヴ　　　アンナワーリセス　　フォア　ランチ
We have an hour's recess for lunch.
昼食休みは１時間です。

★「休憩時間に」は *at recess* で表わすこと

recess とは「休み、休憩」ということ。だから、この語を使って at recess というと「休憩時間に」、また go into recess となると「(会議などが) 休会になる」などの意味を表わすことができる。

見出しの表現のように「…時間 (分) の昼食休み」などというときには、時間 (分) つまり hour (minute) に 's (アポストロフィーs) をつけて表わす。ただし、hours (minutes) のように複数形 (-s となっている) にさらにアポストロフィーs をつけるときは " ' " だけでよい。

two hours' recess →２時間の休み

thirty minutes' walk →30分の歩き

昼食にかぎらず単純に「休憩する」のなら、

テイカ　　ハヴァ　　レスト
take [have] a rest

を使って表わす。

◉It's eleven thirty. Let's take [have] a rest.

11時半です。休憩しましょう。

また "ちょっとした休み" なら a short rest といえばよい。

持ち歩き英会話 ㉑

◉Where's Mr.Yamada ? ── He's taking a short rest right how.

山田さんはどこ？── 今ちょっと休憩しています。

right now（ライトナウ）は、「ただ今」という意味で会話では頻繁に使用される。発音は上に示したように"ライト"のように語尾の"ト"を日本式に強く発声しない。"ト"は実際にはほとんど耳に達しないほどの音である。

英国では午後3時になると、ほとんどの人が"お茶の時間"でひと休みする、とよくいわれる。キザな人になると英語式に"ティー・ブレイク"といったりする。

この break は、本来は仕事の合い間の「休み時間」や「中断」を表わす語である。家庭に流れる電流が一定以上に流れるのを防ぐ装置は"ブレイカー"と呼ばれている。過剰電流の流れを「中断」させるからだ。

◉Let's have a break, shall we ?

ひと休みしましょうよ。

外国人との会話で、日本人の休み時間のことがよく話題になることがある。

◉How much time do you have at noon ?

昼休みはどのくらい（の長さ）ですか？

このようにたずねられたら、前のページの見出しの表現のパターンで答える。

ビジネス街の公園のベンチで昼寝をしているサラリーマンの姿をよく見かける。また、電車の中でウトウトしている人も多い。「うたた寝をする」のは take a nap（テイカ・ナップ）という。夜間ではなく、昼間に眠気をもよおすことが nap の本来の意味。take の代わりに have を用いても同じ意味になる。

22

―――― "午後"の動きを的確に表わす② ――――

ミスのない「電話のかけ方」①

アイル　コーリュー　　バック　　レイタ
I'll call you back later.
またのちほど、こちらから(電話を)かけます。

★電話表現はほとんどが決まり文句

「電話をかける」については、さまざまな言い方がある。

電話をかける
- call (コール) ～
- call ～ up (コール～アップ)
- telephone ～ (テリフォン)
- make a telephone call to ～
- place a call to …
  (プレイサ・コール・トゥー)

これ以外にも、数多くの表現がある。～には電話の受け手の人が入る。

また、最後の place a call to の後の…には場所が入る。

◉May I call you up tomorrow evening ?
　明日の夕方、電話をしてもいいですか？

◉I'd like to place a call to Tokyo.
　東京へ電話をしたいのですが。
　これは、海外でホテルなどのオペレーターに伝える表現。

◉I'll call you again.
　また電話します。
　call を telephone と入れ替えても同じ。

電話に関する慣用的な表現は多い。だが、決して難しくはないので、何度か口や耳を慣らしてマスターしておきたい。「こんなものは知ってる」と思う人も、実際に受話器を手にすると結構緊張して英語が出なくなるものだ。

もしもし… → Hello(ヘロウ)

～と申しますが… → This is(ズィスィズ) ～ calling.(コーリング)

～には、あなたの名前が入る。電話では「私は～と申します」ではI am…を使わない。上に示したパターンでThis is…を使う習慣になっている。

◉This is Hayashi calling.
　こちら林といいますが。

◉Who's calling, please？
　どちら様でしょうか？

こちらの名を伝えたら、次に誰と話したいかを、以下のように明らかにする。

～さんをお願いします → May I(メイアイ) speak to(スピーク トゥー) ～？

◉May I speak to Mr.White？
　ホワイトさんをお願いします。

はい私です → Speaking.(スピーキング)

この表現は、ぜひマスターしておきたい。親しい間柄であれば次のようにいってもかまわない。

◉It's me.
　私よ［僕だよ］。

23

―――"午後"の動きを的確に表わす③―――

ミスのない「電話のかけ方」②

I have to go.
（アイハフ　トゥゴー）

それでは…これで。

★**電話を切りたいときの上手な表現とは**――

　見出しの表現は、電話を切りたいときの言い方。もちろん、英語だけを見れば「行かなければならないんです」の意味だが、電話でこの表現を使うと"そろそろ電話を切りたい"ことを暗に相手に伝えることができるのだ。

　電話の表現は、努めて簡潔に要領よくする必要がある。また、くどくどと長たらしい表現をしようとしても、受話器を手にするとそう簡単にできるものではない。

　次の表現は、外国人と電話をする可能性のある人にとっては必須のものばかりである。

◉I beg your pardon？
　もう１度おっしゃってください。
"アイベッギョア・パードゥン"と発音し、必ず語尾を上げ調子にすること。

◉I can't hear you.
　よく聞こえません。
"アイキャント・ヒアユー"と発音する。

◉One moment, please.
　少々お待ちください。

"ワンモーメント・プリーズ"と発音する。

同じニュアンスで、「そのままお待ちください」は次の要領で伝える。

そのままでお待ちください→Hold the line, please.
（ホール ザ ライン プリーズ）

この"Hold"は大切な言葉だ。仮に、あなたが先方からこのようにいわれたら、電話を切ってはいけない。そのまま受話器をもって待つこと。

◉Extension 105, please.
内線の105番につないでください。

Extension（イクステンション）とは「内線」のこと。電話番号は、数字のケタをつけないでそのまま数字を1字ずつ読む。ただし、"0"は「ズィロウ」、また「オウ」と発音する。

◉My phone number is 123-4567.
私の電話番号は123-4567です。

上の電話番号は"ワン・トウ・スリー・フォー・ファイヴ・スィックス・セヴン"となる。

◉What's your phone number?
あなたの電話番号は何番ですか？

◉The line's busy.
お話し中です。

これは、先方のオペレーターなどが「回線がふさがっています」の意で使う。busy（ビズィ）は本来「忙しい」という意味だが、電話では「お話し中」となる。場合によっては、busyの代わりに engaged（エンゲイジドゥ）が使われることもある。

24

――― "午後"の動きを的確に表わす④ ―――
ミスのない「電話のかけ方」③

Hanako's out now.
ハナコズ　　　アウト　　ナウ

花子は外出しています。

★ちょっと電話に出られない――これも必須だ

　先方の指名する人物が、常に電話のそばにいるとはかぎらない。場合によっては"罪のないうそ"をつかなければならないことだってある。まさか「…は今トイレに入っています」などとはいえない。そんなときはどういえばいいのだろう…。

◉Taro is sick in bed now.
　太郎は体の具合が悪くて寝ています。
　単に寝てしまったのなら、次のように相手に伝える。
◉She has gone to bed.
　彼女は寝てしまいました。
◉Could you call her back tomorrow morning?
　明朝（彼女に）電話をいただけますか？
　これだけでは先方に失礼になると感じる人は、上の表現の最後に、もう1句"if possible"をつけ加えるとよい。これは、「もし可能でしたら…」という意味で"イフ・ポッスィブル"と発音する。
◉Hanako's tied up right now.
　花子はちょっと手が離せないんですが…。
　この表現は、花子がすぐに電話口に出られない、いろんな状

持ち歩き英会話 24

況を暗示している。ひょっとしたら、花子は今シャワーを浴びているのかもしれないし、本当に手の離せない料理をしているのかもしれない。これらすべて…is tied up（タイダップ）で処理できる。

ちょっと電話に出られない→…is tied up

◉ Shall I take a message ?
　伝言を伝えましょうか？

"シャーライ・テイカ・メッセッジ"と発音する。「…してあげましょうか？」は Shall I …？のパターンで用が足せる。

◉ Shall I have him call you later ?
　あとで彼から電話させましょうか？

◉ He'll be back by four o'clock.
　彼は4時までには戻ります。
　この表現は、一般の家庭でも会社でも使える表現。

◉ Thank you for calling.
　お電話ありがとうございました。

25

―― "午後"の動きを的確に表わす⑤ ――

「訪問」の際はここに注意せよ

メイアイ　　　　　コールオニュー　　　　ズィスイーヴニン
May I call on you this evening ?
今日の夕方、あなたを訪ねてもいいですか?

★「訪ねる」――これには3つのパターンがある

「を訪れる」というときは、visit か call を使うのが一般的である。ただし、この2語とも用法に注意が必要。visit の場合は直後に「人」や「場所」を置いて表わすが、call を使うときは call on「人」、call at「場所」のパターンになる。

この種の表現は、頭でパターンを理解するのではなく例文を何度も口に出して、いつでも口をついて出せるようにしておくことが必要である。

普通に人や場所を「訪ねる」には、次の各語句がよく使われる。

（人や場所など）を訪ねる→ visit（ヴィズィット）

（人を）訪ねる→ call on（コール オン）

（場所を）訪ねる→ call at（コール アット）

visit はくれぐれも"ビジット"にならないようにしたい。ついでに、sit も決して"シット"ではなく、"スィット"に近い発音である。"シット"とやると「ウンチをする」と、とんでもな

い意味になってしまう。

● I'll visit my uncle's house tomorrow.
明日、おじの家を訪れるつもりです。

● May I call on you tomorrow?
明日、おうかがいしていいですか？

● Did you call at her house yesterday?
昨日、彼女の家に行きました（訪問した）か？

call on 人と call at 場所をセットにして、次のようにいうことができる。

● I called on Mr.Hayashi at his office.
林さんを事務所に訪ねました。

call や visit を名詞として使うと、また一味違った表現が可能になる。

泊りがけで訪れる → go on a visit to … (ゴウ オンナ ヴィズィットゥ)

夜遅く訪問する → make a late call (メイカ レイト コール)

● We went on a visit to Kyoto two days ago.
２日前に、泊りがけで京都を訪れました。

● I'm sorry to make a late call.
夜遅く訪問して（おじゃまして）すみません。

make の代わりに pay（ペイ）を使っても意味は同じ。

● I'm sorry to pay an early call.
朝早く訪問して（おじゃまして）すみません。

訪問するとは逆に「来客がある」は have company を使う。

● I'll have company today.
今日は来客があります。

26

――"午後"の動きを的確に表わす⑥――

「世間話（雑談）をする」はこの表現

Let's chat over tea.
レッツ　チャット　オウヴァー　ティー

お茶でも飲みながら話しましょう。

★ *visit with* は *chat* と同じ意味で、米語的

chat（チャット）とは「ペチャペチャおしゃべりをする」ことを表わす。お茶やコーヒーを飲んだり、他に何かしながら話しをするときには後に over をつける。

chat と同じ意味で、visit with がある。この場合は"訪問する"というより、ある人物のいる所へ訪れてそこで「雑談する」ことを表わしている。（主に、アメリカ口語で使われる）

◉After I went on a business trip to Kobe, I visited with my old friend there.
　神戸へ出張して、そこで古い友人と話をしました。

「…さんと雑談をする」なら chat with でもよい。

◉I would often chat with them at the coffee shop.
　その喫茶店で彼らとよくおしゃべりをしたものです。

would often は「よく…した」という意味で、過去を回想するときに用いるパターンである。これに対して、毎日行なうような習慣的な行為を回想するときは「used to 動詞」のパターンを用いる。

◉Hellen likes having a chat about movie stars.
　ヘレンは映画スターの話をするのが好きです。

持ち歩き英会話 26

> Let's chat over tea. !?

ところで「暇をつぶす」とは、どういえばいいのだろう？ 実は kill time（キルタイム）というのだ。kill とは、大変ぶっそうだが「殺す」という意味。

● I sometimes go to coffee shops to kill time.
ときどき、暇（時間）つぶしに喫茶店へ行きます。

家庭に友人がぶらりと立ち寄ってくれるのは、実に楽しいものだ。そんなとき、必ず必要になるのが「お茶［コーヒー］でも入れようか」のフレーズである。

お茶を入れる→ make tea（メイク ティー）

コーヒーを入れる→ make coffee（メイク コフィー）

● How do you like your coffee ?
コーヒーはどのようにして（砂糖やミルクは）飲みますか？
● Will you have sugar in your coffee ?
コーヒーに砂糖を入れますか？
砂糖、ミルク抜きは、have coffee black という。

27

―― "午後"の動きを的確に表わす⑦ ――

「頭痛」など痛みの伝え方――

I have a slight headache.
ア　ハヴァ　　スライト　　　ヘデエイク

軽い頭痛がします。

★「痛み」と「病気」はI have …

頭痛にかぎらず、体の各部の痛みを表わすには見出しの表現のようにI have …のパターンを使うのが一般的。…にはそれぞれの「痛み」が入る。

まず「頭痛」から調べてみよう。

ひどい頭痛→a severe headache
　　　　　　　　スヴィア　　ヘデエイク

◉I have a severe headache.
　ひどい頭痛がします。

偏頭痛→a migraine
　　　　　　マイグレイン

◉I have a migraine.
　偏頭痛がします。

「痛み」を表わす語は一般的に次の2つの語がよく使われる。
　ache(エイク)：継続する鈍い痛み
　pain(ペイン)：比較的激しい痛みで、肉体的また精神的な痛
　　　　　　　みに使う

◉I have a toothache.
　歯が痛みます。

持ち歩き英会話 ㉗

◉I have a low back pain.
腰が痛みます。
back（バック）とは「背中」のこと。
だから、low（ロウ）「低い」と一緒になると"背中の低い部分"で「腰」となる。

◉I have a throat pain.
のどが痛みます。
throat（スロート）は「のど」のこと。つづりが"th"で始まっているので、例によって上下の前歯で舌先を軽くかんで出す"ス"の音で発音する。

◉I have a joint pain.
関節が痛みます。
人間にかぎらず機械類でも「つぎ目」の部分はすべてjoint（ジョイント）である。

実際に痛む部分を示しながら、「ここが痛い」というときは、体の部分の代わりにhere（ヒア）を使う。

◉I have a pain here.
ここが痛みます。
痛みの性質は大きく分けると「鋭い」と「鈍い」がある。

鋭い痛み → a sharp pain（シャープ ペイン）

鈍い痛み → a dull pain（ダル ペイン）

◉I have a dull pain here.
ここに鈍い痛み（鈍痛）があります。

持続的な痛み → a continuous pain（コンティニアス ペイン）

28

―― "午後"の動きを的確に表わす⑧ ――

「薬」に関する基本フレーズは

テイク　　ズィス　　　メディスン
Take this medicine.
この薬を飲みなさい。

★「塗る・貼る」の場合は apply … を使う

薬は「飲む」場合と「塗る：つける」場合がある。見出しの表現は「飲む」場合である。

　　　　　　　　　アプライ
　塗る・貼る→ apply …

貼り薬など体の各部に貼るのが、この apply である。…には貼り薬（a plaster）や軟膏（ointment）が入る。

◉Apply this plaster in no time.
この貼り薬をすぐに貼りなさい。
次に、薬の効き目に関する表現を見てみよう。

◉This medicine will do you good.
この薬は効きます。
do 人 good のパターンで「効き目がある」ことを表わす。さらにもっと簡単にいうには work を使う手がある。

◉The medicine works well.
その薬はよく効きます。

◉What are the tablets good for ?
その錠剤は何に効くのですか？
tablets（タブレッツ）とは、「錠剤」のこと。

持ち歩き英会話 28

　次に、薬に関する語句を示してみた。あなたが外国で薬を必要とするとき（日本のように街の薬屋で気軽に薬が手に入る国はほとんどない。外国では、基本的に医師に処方せんを書いてもらい、それを薬局に持参して手に入れる）、外国からの人に薬について説明をするときのために、ぜひ頭に入れておいていただきたい。

総合ビタミン	multiple vitamins（マルティプル・ヴァイタミンズ）
目薬	eye lotion [drop]（アイローション［ドゥロップ］）
鎮痛剤	pain killer（ペインキラー）
睡眠薬	sleeping pill（スリーピング・ピル）
マーキロ	mercurochrome（マーキュロクロウム）
バンドエイド	Band-Aid ＊本来は一商標名である
解毒剤	antidote（アンティドウト）
咳止めドロップ	cough drop（コフ・ドゥロップ）
緩下剤	laxative（ラクサティヴ）
ガーゼ	gauze（ゴーズ）＊発音に注意
眼帯	eye patch（アイ・パッチ）
貼り薬	plaster（プラスター）
軟膏	ointment（オイントメント）
副作用	side effect（サイド・イフェクト）
処方せん	prescription（プリスクリプション）
薬の服用量	dose（ドウズ）cf. a dose of sleeping pill　1回分の睡眠薬
薬屋（薬局）	drugstore（ドゥラッグストア）＊米国 chemist's（ケミスツ）＊英国

73

29

―――― "午後"の動きを的確に表わす⑨ ――――
「病院へ行く」はどう表現する？

You'd better see a doctor.
ユードゥベター　　　スィーアダクター

医者に診てもらったほうがいいですよ。

★「入院する、している」の表現は微妙に違う

　上の見出しの表現に関連して、たとえば「太郎を病院へ連れて行きます」といいたいなら"I will take Taro to the hospital."というフレーズになる。
　まず、「病院へ（治療を受けに）行く」から考えてみたい。
◉Did you go to the hospital yesterday ?
　昨日、病院へ（治療を受けに）行きましたか？
◉I'm going to consult a doctor.
　医者に診てもらうつもりです。
　consult（コンサルト）は「相談する；意見を問う」という意味だが、後に doctor（ドクター；医師）がつくと「診察してもらう」という意味になる。見出しのように、see a doctor の形で「診察を受ける」の意味を表わすこともある。どちらか口にしやすいと感じたほうを自分のものにしていただきたい。
　次に「入院」に関する表現を考えていただきたい。
「病院」は、上に示したように hospital だが、"治療目的"での「病院」というときには、アメリカと英国では用法が基本的に異なる。
　アメリカでは "the hospital" と定冠詞をつけ、英国式では

定冠詞 "the" はつけない。

入院する → enter（the）hospital
エンター　ザ　ホスピタル

- My father entered (the) hospital last night.
  父は昨夜、入院しました。
- You should be hospitalized.
  入院したほうがいいですよ。

恐らくこれは医師の表現だろう。hospitalized（ホスピタライズド）とはあまり聞き慣れない語のようだが、hospital の動詞形 hospitalize を利用したもの。

入院している → be in（the）hospital
イン　ザ　ホスピタル

〈注〉be のところは、主語によって am, are, is が入る。

- Taro's mother is in (the) hospital.
  太郎のお母さんは入院しています。
- I was in (the) hospital last summer.
  去年の夏は入院していました。

was（ワズ）は am の過去形「…でした」の意味。ちなみに are→were（ワー）、is→was と変化する。

病院へ見舞いに行く → go to the hospital to see …
ゴウ トゥー ザ ホスピタル
トゥ スィー

…には入院している人物が入る。

- Let's go to the hospital to see Mr. Yamada.
  山田さんを見舞いに（病院へ）行きましょう。

ちなみに go の過去形「行った」なら went（ウェント）となる。

30

―― "午後"の動きを的確に表わす⑩ ――

「診察・治療」を受けるときに

Do you have an appetite ?
（ドゥーユーハヴ　　　　　アンナペタイト）
食欲はありますか？

★**医師の言うことをしっかり理解したい**――

　この項では主に、医師の表現を考えてみたい。あなたがお医者さんであれば、きっと必須表現に違いないはず。また、いつ何時あなたが"通訳"として引っぱり出されるかもしれない。

　まさかの時のために、しっかり頭に入れておきたい。

◉Let me feel your pulse.
　脈をとってみましょう。
　pulse（パルス）とは「脈拍」のこと。

◉Lie down on the bed, please.
　ベッドに横になってください。
　"Lie down, please."（ライダウン・プリーズ）だけでも意味は通じる。

◉Let me take your temperature.
　体温を計ってみましょう。
　体温（temperature）は"テンパラチャー"と発音する。

◉You need an operation.
　手術が必要です。
　お医者さんが使う"オペ"とは、operation（オペレイション）のこと。

持ち歩き英会話 ③⓪

- Will you unbutton your shirt ?
  シャツのボタンをはずしてください。

"ウィリュー・アンバトゥン・ユアシャーツ"は大切な表現。仮りに、患者が女性の場合、英語が出ないからと無言でうっかり手を出そうものなら、大変なことになりかねない。そうでなくても、外国で病気になって神経質にならない人はいない。十分な気配りが必要だ。

- Will you open your mouth ?
  口を開けてください。

- It's not serious. Don't worry.
  ひどくないですよ [大丈夫です]。

serious は "スィアリアス"と発音する。worry は "ウォリー"となる。ただし、"リ"は極力舌先が口の中の天井に触れないようにする。日本語の"リ"とは違う。

- You shouldn't continue your trip.
  旅行を続けないほうがいいです。

shouldn't（シュドゥント）は「…すべきでない」ということ。continue は "コンティニュー"と発音する。

…していいですよ → You may ….
（ユー メイ）

- You may drink some water.
  水を飲んでもいいですよ。

- You may walk.
  歩いてもいいですよ。

- You may leave the hospital soon.
  近々、退院していいですよ。

leave は "リーヴ"と発音する。

31

―― "午後"の動きを的確に表わす⑪ ――

間違いなく「病状を伝える」①

I feel dizzy.
ア　フィール　ディズィ

目まいがします。

★症状の説明には feel と have が役立つ

「痛み」については27（P.70）で説明したので、それ以外の諸症状についての表現を見てみたい。

一般的な症状の説明には、feel（フィール）と have（ハヴ）がよく使われる。

◉I feel chilly.
寒気がします。
chilly は"チリー"と発音する。I have a chill. といっても同じ意味を表わす。

◉I feel feverish.
熱っぽいんです。
feverish は"フィーヴァリッシュ"と発音する。

◉I feel vomitting.
吐き気がします。
vomitting は"ヴォミッティング"と発音する。

◉I feel numb here.
ここがしびれています。
numb は"ナム"と発音する。この表現は、しびれている部分を示しながら説明しているところである。

持ち歩き英会話 ㉛

◉I have a rash.
発疹が出ているんです。
rash は"ラッシュ"と発音する。

◉I have loose bowels.
下痢しています。
loose は"ルース"と発音する。ルーズではないから注意。bowels は"ボウエルズ"と発音し、本来は「腸」のこと。ちなみに "My bowels move." というと「通じがある」ことを意味する。

逆に、「便秘です」なら "My bowels don't move." といえばよい。

◉I have sprained my ankle.
足首をくじきました。
"アイハヴ・スプレインド・マイアンクル"と発音する。

◉I have cramps.
生理痛がひどいです。
cramps は"クランプス"と発音する。
その他の症状は次の通り。

◉My ears ring.
耳鳴りがします。

◉I cough bad.
咳がひどく出ます。
cough は"コフ"と発音する。

◉I get short of breath.
息切れがします。

◉I see things double.
ものが二重に見えます。

32

――― "午後"の動きを的確に表わす⑫ ―――
間違いなく「病状を伝える」②

アイムアラジック　　　　トゥーポリン
I'm allergic to pollen.
花粉アレルギーなんです。

★微妙な症状はそのまま覚える

　この項では、さらに微妙な症状について説明してみたい。持病のある人や「これは大切だ！」と感じた表現があったら、ぜひマスターしていただきたい。

◉ The knee joint is swollen.
　ひざの関節がはれています。

　…is swollen（スウォルン）は「…がはれています」のパターン。knee（ニー）は「ひざ」の意味。ところで、あなたは自分の「手」と「足」の各部の名称を英語でいえるだろうか？　確認をしていただきたい。

　手の指：finger（フィンガー）、親指：thumb（サム）、人さし指：forefinger（フォーフィンガー）、中指：middle finger（ミドゥルフィンガー）、薬指：ring finger（リングフィンガー）、小指：little finger（リトゥルフィンガー）、手首：wrist（リスト）、ひじ：elbow（エルボウ）、腕：arm（アーム）、手のひら：palm（パーム）

　脚：leg（レッグ）、もも：thigh（サイ）、すね：shank（シャンク）、ふくらはぎ：calf（カーフ）、足首：ankle（アンクル）、アキレス腱：Achille's tendon（アキリーズテンダン）、

持ち歩き英会話 32

足：foot（フット）〈注〉複数は feet（フィート）、かかと：heel（ヒール）、足の甲：instep（インステップ）、土踏まず：arch（アーチ）、足の指：toe（トウ）

◉ The back of the hand itches.
手の甲がかゆいです。

◉ My eyes feel sandy.
目がごろごろします。

　見出しの表現のように be allergic to…（アラジック・トゥ…）のパターンを使うと「…にアレルギーです」を表わすことができる。pollen は、"ポリン" と発音する。

◉ I am six months pregnant.
妊娠6か月です。
pregnant は "プレグナント" と発音する。

◉ My child is wheezing.
子供のノドがゼーゼーいってるんです。
　wheezing は、"ウィーズィング" と発音し、wheeze の形で「ぜんそく」の意味でも使われる。

◉ My baby had convulsions.
赤ん坊がひきつけを起こしました。
　convulsions（カンヴァルシャンズ）は、ほとんど日本人には知られていないが、内容から考えて大切な表現の1つだ。

◉ I am anemic.
貧血です。
anemic は "アニーミック" と発音する。

◉ My stomach feels pressed.
腹部に圧迫感がある。
"マイ・スタマック・フィールズ・プレスト" と発音する。

33

―― "午後"の動きを的確に表わす⑬ ――

「打ち合わせ・会議」に参加したら

I'm for you.
アイム　フォー　ユー
あなたに賛成です。

★「私は反対だ」なら、I'm against you.

　日本の会社では、"会議、打ち合わせ"がとにかく多い。また、「今のは何だったんだろう？」と思うくらいに結論（conclusion）が出ないものだ。
- We'll hold a conference tomorrow morning.
　明日の朝、会議を開きます。
- We'll have a meeting tomorrow morning.
　明日の朝、会議があります。

conference（コンファランス）は「会議」を表わす。それほどおおげさではなく「会合」「集い」といった感じのときには、meeting（ミーティング）でよい。

　さて、会議が始まると「賛成」「反対」「わからない…」が飛び交う。これらの表現について。

「賛成する」は agree with 人、agree to 事柄、のように "アグリー" を使うが、もっと簡単に、前置詞のforを利用する手がある。この語には無数の意味があるが、その1つに「…の側に」「…のために」の意味がある。これが、上の見出しの表現である。

　逆に「反対する」は、for に対する語 against（アゲインスト）

82

を用いて表わす。しかし、相手に面と向かっている場合にはもっと簡単に「そうは思いません」といえば反対の意味は伝わる。

◉I don't think so.

そうは思いません［反対です］。

◉Mr.Yoshida was against the plan.

吉田氏はそのプランに反対しました。

「わからない」つまり"いい意見を思いつかない"ときは、idea（アイディーア）を使って次のように表現する。

◉I have no idea.

わかりません。

場合によっては、相手の指摘に対して"言い訳"をしなくてはならないときもある。

◉It's out of my line.

それは私の受け持ち（領分）ではないよ。

◉That's news to me.

それは初耳です。

news は"ニューズ"と発音する。

34

―――― "午後"の動きを的確に表わす⑭ ――――
「思う・考える」の表現に精通する

イッツァ　ヴェーリー　　グップラン　　　アイゲス
It's a very good plan, I guess.
それはとてもよい計画だと思いますよ。

★**使えるのが think だけでは心もとない……**

英語の苦手な人の特徴の1つが「思う」と「考える」である。つまり、この両語を英訳してもらうと、間違いなく"think"とやることだ。

もちろん、それで誤りではないが、「思う」の微妙なニュアンスを think だけで伝えることは難しい。

「思う」「考える」といってもいろいろある。もっとも一般的な think 以外のものを見てみよう。

（〜ならいいな）と思う → I hope …
　　　　　　　　　　　　　　　　ホウプ

hope には"希望の気持ち"が込められている。だから、物事がよい方向に進むようになるといいなと「思う」ことを表わす。

◉I hope she will get well soon.
　彼女が早くよくなる［回復する］といいなと思います。

◉I hope not.
　そうならないようにと思います。

これは相手の否定的意見に対して、自分はあくまで"希望的に考えます"ということを表わしている。

今度は逆に、"悲観的な観点"から「残念ながら…と思います」

持ち歩き英会話 34

を表わすのは be afraid だ。

(残念ながら)と思います → I'm afraid …
（アイ マフレイド）

● I'm afraid (that) he will fail.
彼が失敗するのではないかと心配です。

I'm afraid は、上の訳のように「心配です」と考えることもできる。

● I'm afraid not.
残念ながらそうらしいです。

これは、相手の悲観的・否定的意見と同様に、こちらも"否定的であること"を表わす。

当てにする・期待する → expect …
（イクスペクト）

● I expect he will come.
彼は来ると思い［期待］します。

また、expect 人 to …のパターンも便利なのでマスターしてほしい。

● I expect Hanako to call me.
花子ちゃんが電話してくると思います。

「当てにする」の意味では count on 人（カウントオン）もよく使われる。

● Don't count on me.
私を当てにしないでくださいよ。

最後になったが、左のページの見出しの表現に使われている"I guess"は、ほぼ think と同様の意味を表わす。常に「と思います」「考えます」は文頭にくるとはかぎらず、つけ足しで文尾に置いてもよい。

35

―― "午後"の動きを的確に表わす⑮ ――

「…かしら?」も日頃よく使う

アイワンダー　　ウェン
I wonder when ….
いつかしら…?

★「かしら…?」と「だろう…?」は"ワンダー"

　見出しの表現は完全な文とはいえないが、話しの流れで通じるはず。
　wonder（ワンダー）は、後に疑問詞 what, who, whether, when, why, if などをとって「…かしらと思う」意味を作ることができるのだ。

「何」かしら? → I wonder what ….

完全な文では、次の例が考えられる。
◉ I wonder what he is.
　彼は何者（職業が何か）だろう?
◉ I wonder what it is.
　それは何だろう?

「誰」かしら? → I wonder who ….

◉ I wonder who he is.
　彼は誰かしら?

「なぜ」かしら? → I wonder why ….

持ち歩き英会話 35

◉I wonder why he won't come.
なぜ彼は来ないのかしら？

「…か」どうかが→I wonder if ….

◉I wonder if he was for it.
彼がそれ（意見、計画など）に賛成かどうかがわからない。
同様に「かどうか」を表わすのに、whether（ウェザー）を使うこともできる。この場合は、文尾に"or not"をつけることがある。

◉I wonder whether the project was successful or not.
そのプロジェクトが成功したかどうかよくわかりません。

「どこ」かしら？→I wonder where ….

◉I wonder where she lives.
彼女はどこに住んでいるのだろう？
◉I wonder where the accident happened.
事故はどこで起こったのだろう？

36

―― "午後"の動きを的確に表わす⑯ ――

「メモを取る・書く」の決まりとは

Write it down, please.
（ライティッド　ダウン　プリーズ）
それを（紙に）書きつけてくれますか。

★「走り書きする」は dash off が最適

　周知のように「書く」は write（ライト）である。これに、down をつけると「を書き留める」意味となる。
　同様のニュアンスで、「走り書きする」なら dash off（ダッシュ・オフ）が使える。
◉I have dashed off a letter to him.
　彼への手紙をさっと書いたところです。
　ストレートに「メモをとる」なら次の表現を使う。

メモをとる→make [take] a note
（メイカ　テイカ　ノウト）

　"ノート"というと、すぐに学生時代のノートを思い出すが、note には次の意味がある。ご存知だろうか？
　①メモ、注釈　②手形、紙幣　③音色、音符　④注意、など。
◉Just a moment. I'll make [take] a note.
　ちょっと待ってください、メモを取りますから。
　次に"メモ"以外の「書く」について見ていきたい。
　ある一定の書式に従って書類などに必要事項を書き込むことを fill in（フィルイン）という。また、書式の「余白を埋める」意味で fill out（フィルアウト）が使われることもある。

持ち歩き英会話 36

◉ Please fill in an application.
願書に（必要事項を）書き込んでください。

application（アプリケーション）とは、「願書」、または「申し込み用紙」のこと。

◉ Please fill out the blank.
余白を埋めてください。

物を書くには当然、筆記用具が必要である。「…で書く」はどういえばいいのだろう。

道具を示すには with…が一般的である。だから「…で書く」には、write with…となる。

◉ May I write with a ball-point pen？
ボールペンで書いてもいいですか？

"ボールペン"の言い方は和製英語である。正確には「ボールポイントペン」となる。

ちなみに、"マジックペン"もそのままでは通じない。正確には felt-tipped marker（フェルトティップト・マーカー）、または後半の marker だけでもよい。

書類とは違って、道で迷っている人などに簡単な地図を書いてあげたりするときは draw（ドゥロー）を使う。これは線を引いたり、図を書いたりすること。

◉ I'll draw a map for you.
地図を書いてあげましょう。

色を塗って絵を描くときは paint（ペイント）である。

◉ My father painted this picture.
父がこの絵を描きました。

painted は paint の過去形「描いた」だが、語尾の-ed の音は"ティッド"と発音する。"テッド"ではない。

37

―― "午後"の動きを的確に表わす⑰ ――

「伝える・説明する・話す」――

Come down to it !
<small>カムダウン　　　　トゥーイッ</small>

ずばりと言いなさいよ。

★ tell 人 to ～の型は必ず自分のものにせよ

「伝える」については、ぜひマスターしていただきたいパターンがある。

…さんに～するように言う → tell 人 to ～
<small>　　　　　　　　　　　　　　　　テル　　トゥー</small>

◉ I'll tell him to hand in the paper.
　彼に書類を提出するように伝え（言い）ます。

　逆に「…さんに～しないように言う」のであれば、to の前に not をつける。

◉ Father always tells me not to come home late.
　父はいつも遅く帰らないように言うのよ。

…さんに～するように頼む → ask 人 to ～
<small>　　　　　　　　　　　　　　　　　アスク</small>

　前の tell 人 to ～のパターンと非常によく似た型だ。ask は「たずねる」でよく知られているが、この型にはまると"頼む"意味になる。

◉ Will you ask her to come to our party ?
　彼女に、私たちのパーティーに来るよう頼んでくれますか？
　また「…さんに～しないように頼む」のなら、to の前に not

持ち歩き英会話 37

"Come down to it!"

をつける。

◉I asked him not to call me late at night.
　彼に夜遅く電話してこないように頼みました。

　ここで、一般的な「話す」について考えてみたい。「話す」ですぐに頭に浮かぶのは talk（トーク）と speak（スピーク）である。talk は比較的内容のあることを表わし、speak は話すこと自体を表わす。

◉What are you talking about ?
　何について話をしているのですか？

　talk about は、後に事柄、人物など話の内容をとる。「…さんとじっくり話をする」ような場合は、talk with …のパターンとなる。

◉I'd like to talk with you when you are free.
　おひまな時にじっくり話をしたいのですが。

　人前で「演説をする」のは make a speech である。

◉Would you make a speech ?
　スピーチをしていただけますか？

38

―― "午後"の動きを的確に表わす⑱ ――

「忙しい」にも色々な種類がある

アイハヴ　ノウタイム　トゥープレイ　ゴルフ
I have no time to play golf.
ゴルフをする暇がありませんよ。

★「忙しい」をストレートにいうと be busy

「忙しい」を表現するのに、見出しの I have no time to… のパターンは便利である。

| I have no time
暇（時間）がない | to have a lunch. 昼食をとる
to go to a dentist's. 歯医者へ行く
　　（デンティスツ）
to watch TV. テレビを視る |

「忙しい」をそのまま英語にすると、be busy（ビズィ）になる。

◉ I'm very busy right now.
　今とても忙しいです。

さらに詳しく「…で忙しい」なら busy の後に over をつけて、その内容を示せばよい。

◉ I'm busy over my work.
　仕事で忙しいです。

忙しく…している → be busy …ing

◉ My mother is busy cooking now.
　母は今、忙しく料理をしています。

「忙しい、忙しい」が口癖の人がいる。仕事がないと不安でまともに休息をとれない人を workaholic（ワーカホリック）、つまり"仕事中毒"という。

　英語も日本語と同じで語尾に"-holic"、つまり「…中毒」をあてている。

◉Don't work overtime every day. It tells on you someday.
　毎日残業しないほうがいいよ。いつか体にこたえるよ。

　work overtime（ワーク・オウヴァータイム）で「残業する」となる。tell on （テルオン）は「（体などに）こたえる」ことを表わす。

　仕事中毒もひどくなると、ついに体をこわすことになる。

◉He worked himself ill.
　彼は働き過ぎて体をこわしました。

　最悪の場合は、仕事をし過ぎて死に至る（過労死）といった悲劇まで起きてしまう。

◉He worked himself to death.
　彼は働き過ぎて死亡した。

　death（デス）は「死（亡）」を意味する。ちなみに、その動詞形「死亡する」はdie（ダイ）だが、直接的な表現を避けたい人は pass away（パス・アウェー）を使うとよい。"She passed away last year." というと「彼女は昨年、死亡しました」となる。

　「忙しさ」を表現するのに"（仕事で）あちらこちら飛び回る"ということがある。この感覚を表わすのに kick up one's heels（キッカップ・ヒールズ）という語句がある。

◉I'm very busy and kick up my heels.
　とても忙しくて、飛び回っていますよ。

39

―― "午後"の動きを的確に表わす⑲ ――

巧みに「切りあげる・やめる」

レッツ　　　コーリッタ　　　デェイ
Let's call it a day.
そろそろ切りあげましょう。

★ *finish* や *stop* の使い方が、まず大切

　見出しの表現は、初めて目にする人にとってはどんな意味か、さっぱりわからなかったはずである。「切りあげる」「終わらせる」というと、まず頭にピンとくるのが finish（フィニッシュ）ではないだろうか。

　もちろん、finish で一般的な「終わらせる」を表現することは多い。ただし、後に動作「…すること」がつくときは動詞は、"ing形"となる。

◉ Have you finished reading the paper ?
　もうその新聞を読み終わりましたか？

　場合によっては、同様のニュアンスで stop…ing（ストップ）も使える。正確にいえば「…するのをやめる」と考えておけばよい。

◉ Stop watching TV and study at once.
　テレビを視るのをやめてすぐ勉強しなさい。

　これらの finish や stop に対して、少しニュアンスを変え"こごらあたりで仕事、会議、集会、パーティーなどを切りあげる"、または"おひらきにする"といいたいときは、見出しの表現である"Let's call it a day."を用いるとよい。

この表現を使う状況を考えると、時間的に遅い、他にしなければならないことがあるなど、付随した表現もついでにマスターしておく必要がある。

◉It's rather late.

もう遅いですから…。

◉It's too late.

かなり遅いですから…。

◉I have a lot of things to do.

しなければならないことが、たくさんあるんです。

a lot of…（ア・ロットヴ）は「たくさんの」を表わし、lots of としても同じ意味を示すことができる。

また、同じ「やめる」でも習慣的な動作については give up（ギヴ・アップ）を使うと、よくその感じが出せる。

◉I can't give up smoking.

タバコを（吸う習慣を）やめることができません。

まったく同じ意味で、give up を quit（クイット）1語に置き換えてもよい。

ちょっとニュアンスが変わるが、「…を取り消す」も一種の"やめる"である。

レストラン、ホテル、飛行機、面会などの事前の予約、約束を取り消すのは call off…（コールオフ）である。

◉I'd like to call off the reservation.

予約を取り消したいのですが…。

reservation（リザヴェイション）は、座席、部屋などの予約を表わす。

面会の予約は appointment（アポイントメント）で、上の文尾をこの語と入れ替えると面会約束の取り消しになる。

40

―― "午後"の動きを的確に表わす⑳ ――

「疲れる・故障する」は日常茶飯

アイウォズ　　　ウォーンナウト　　　トゥディ
I was worn out today.
今日は疲れ果てました。

★「クタクタに疲れる」は be worn out

　worn out は"くたくたに疲れ切る"ことを表わす。「疲れる」といえば、学校の英語でまず登場するのが例の be tired with だが、実際の口語英語ではあまり使われない。

　tired (タイアード) なら、be tired of …のパターンで「うんざりする；あきあきする」の意味でよく使われる。この語を使って「疲れる」を表現するには、be [get] tired out がよい。

◉I was [got] tired out by the long trip.
　長旅でへとへとに疲れましたよ。

　もちろん、単純に「疲れた」だけをいいたいときは次のように簡単に表わせる。

◉I was tired.
　疲れました。

　was の代わりに got, became (ビケイム) を使っても同じ。

　また、はっきりと疲れていなくても漠然と「疲れを感じる」ことがある。こんなときは feel (フィール) を利用する。

◉I feel tired.
　疲れている感じです。

　事柄を中心に「…は疲れる」と表わすときは "be tiring" の

持ち歩き英会話 ❹

> I was worn out today.

パターンで次のように。

◉ This kind of work is tiring.
　この種の仕事は疲れます。

　tiring は"タイアリング"と発音する。

　疲れるのは人間だけではない。機械でも使っているうちに疲れてくる。機械の疲労には fatigue（ファッティーグ）を当てる。そして、そのまま使い続ければ当然「故障する」ことになる。「故障する」は out of order（アウトヴ・オーダー）でよい。

◉ You can't use the machine. It's out of order.
　その機械は使えません。故障しています。

◉ It got out of order.
　それ（機械など）が故障しました。

　go wrong（ゴウ・ゥロング）も余裕があれば頭に入れておきたい。

◉ The engine has gone wrong.
　エンジンが故障してしまった。

◉Something is wrong with my car.
　私の車はどこか調子が悪い（故障）です。
　something（サムスィング）は「何か」ということ。まったく同じ意味で、次のようにいってもよい。
◉There's something wrong with my car.
　私の車はどこか調子が悪い（故障）です。

【頭に入れたい必須語句】

abdominal pain＝腹痛　bachelor＝独身の男性　cab＝タクシー　dainty＝おいしい　eager＝切望して、熱心な　facility＝便宜、設備、器用、才能　gain＝得る、増す　habit＝習慣、癖、気立て　identification＝身分証明、鑑定　jet lag＝時差ボケ　knead＝(粉などを)こねる、練る　lack＝不足　lack of funds＝資金不足　magnificent＝壮大な、華麗な　native＝本国の、土地の人間　object＝物体、目的　pale＝青白い　quality＝品質　quantity＝量　sad＝悲しい　term＝期間、言語　unfortunately＝あいにく、不運にも　valid＝有効な　weak＝弱い　X-ray＝X線、レントゲン線の　yard＝庭、中庭　zoom＝(価格の)急騰、急に上がる　absord＝吸収する　backache＝背中の痛み　calculation＝計算、勘定　damn＝けなす、ののしる、責める　earnest＝真面目な、熱心な　faint＝かすかな、弱々しい　generous＝気前のよい、豊富な　harm＝害、損害　ignore＝～を無視する　justify＝正当化する、言い訳する　kid＝子供、年下の　leak＝漏らす　majesty＝威厳、主権　necessity＝必需品、日用品　occupy＝～を占める　path＝小道、歩道　quiet＝静かな、落ち着いた、地味な　scheme＝計画　typical＝典型的な

③ **"夕方から夜"**にかけての生活ぶりを表現する基本フレーズはこれだ

41

―― "夕方から夜"の表現パターン① ――

「料理する」①―材料を切る―etc

She's cooking right now.
彼女は今、料理しています。

シーズ　クッキング　ライナウ

★ cook の発音はコックではなく"クック"

「料理する」は cook（クック）である。"コック"ではないので注意したい。グルメブームとかに関係なく、互いに親しくなると必ず料理のことに話がおよぶ。人間が生き物である以上、食に関する話題は万国共通である。

料理法から道具まで、話し出したら限りがない。この項では主に、調理に関する表現から見ていきたい。

◉ Will you mince the onion？
　その玉ねぎをみじん切りにしてくれる？

動詞 mince（ミンス）を知っていた人は、どのくらいいるだろうか。あなたはどうですか？

この種の語句が生の英会話では、ごく自然に使われているわりには、日本人にはほとんど知られていない。「切る」が cut（カット）だけでは苦しい。

さいの目に切る→ cube ＞ dice
　　　　　　　　キューブ　　ダイス

薄く切る→ slice
　　　　　スライス

同じ「さいの目」でも cube のほうが dice より大きく切るこ

とを表わす。

また、切った形をそれぞれ、「薄切り」→slice、「四分の1」→quarter（クウォーター）、「半分」→halves（ハーヴズ）、「さいの目」→cubesと呼ぶ。

これらを利用した、とても便利な表現パターンがある。

～を…状に切る→ cut ～ into …

このパターンは、ぜひマスターしておきたい。～には切られる材料、…には切った形、つまり、slice, quarterなどが入るわけだ。

- Cut carrots into cubes.
  にんじんをさいの目に切りなさい。
- Cut potatoes into quarters.
  じゃがいもを四つ切りにしなさい。

具体的な形ではなく「～を細かく切る」なら、次のパターンになる。

～を細かく切る→ cut ～ into pieces

- Will you cut garlics into pieces ?
  にんにくを細かく切ってくれる？

さらに、複雑な切り方を見てみよう。なす（eggplant；エッグプラント）のようなものを「縦に3つに切り分ける」はどういえばいいのか？

- Cut eggplants lengthwise into thirds.
  なすを縦に3つに切り分けなさい。

lengthwiseは"レングスワイズ"と発音する。thirdsは"サーズ"と発音し、各々の大きさが「3分の1」を表わす。

42

―――― "夕方から夜"の表現パターン② ――――

「料理する」②―調理法―etc

スチュー　イッ　　フォアラバウト　　　アンナワ
Stew it for about an hour.

それ（材料）をコトコト1時間ほど煮なさい。

★ stew（動詞）は「とろ火でじっくり煮る」こと

　上の表現の stew は、料理の名前の"シチュー"と同じである。つまり、動詞として使えば肉や野菜を「とろ火でじっくり煮る」ことを表わし、名詞として使えは料理名の「シチュー」を表わしているわけだ。

　stew の代わりに simmer（スィマー；弱火でトロトロ煮る）も使える。

　同じ「煮る」でも強火で"沸騰させる"ときは boil（ボイル）が適当である。この語は「ゆでる」意味でも使える。

沸騰させる・ゆでる→ boil（ボイル）

◉ Boil two eggs for seven minutes, please.
　卵を2つ、7分間ゆでてください。

　boil down となると「煮つめる」というニュアンスが出てくる。

加熱する→ heat（ヒート）

　boil に対して沸騰まではいかないが"暖める"のが heat。

◉ Will you heat the milk ?
　牛乳を暖めてくれますか？

次に、「焼く」について考えてみよう。

じか火で焼く → broil（ブロイル）

「じか火で焼く」のは、他に grill（グリル）がある。両語ともに、レストランのメニューなどで目にした人が、多いかもしれない。

◉ I'm broiling fish now.
　今、魚を焼いています。
　同じく焼くのでも「天火で焼く」のは、次の語を使う。

天火で焼く → bake（ベイク）

肉を天火で焼く → roast（ロウスト）

◉ The bread has been baked.
　パンが焼けました。
◉ We roasted much beef last night.
　私たちは昨夜、牛肉をたくさん焼きました。
　roast は、肉以外にコーヒー豆を「いる」ときも使う。
　この他の調理動作は、次で確認していただきたい。
　brown（ブラウン）→きつね色にこがす
　sauté（ソウテイ）→少量の油で炒める
　sear（シア）→表面をこがす
　fry（フライ）→油を大量に使って揚げる
　fritter（フリッター）→衣をつけて揚げる
　parboil（パーボイル）→湯通しする
　French-fry（フレンチフライ）→から揚げする
　hash（ハッシュ）→細切りの肉や野菜を炒める

43

―――― "夕方から夜"の表現パターン③ ――――

「料理する」③ ―調味などについて―

A dash of pepper, please.
ア　ダッシュオヴ　　ペパー　　　プリーズ
コショウを少々お願いします。

★「…を少々」は a dash of …

調理の話をすると必ず登場する語が「…を少々」や「…をひとつまみ」「…を大さじ［小さじ］1杯」などである。見出しの表現 dash（ダッシュ）がその「少々」である。

…をひとつまみ→ a pinch of …
　　　　　　　　　　ア　ピンチオヴ

…を大さじ1杯→ one tablespoonful of …
　　　　　　　　ワン　テーブルスプーンフル　オヴ

…を小さじ1杯→ one teaspoonful of …
　　　　　　　　ワン　ティースプーンフル　オヴ

以上のフレーズだけでも便利だが、sprinkle（スプリンクル）、つまり「ふりかける」、add（アッド）「加える」などの動作もついでに頭に入れておくとベターである。

◉ …and sprinkle a pinch of salt.
　それから、塩をひとつまみふりかけなさい。

◉ Add one tablespoonful of sugar.
　大さじ1杯の砂糖を加えます。

◉ First, add two teaspoonful of vineger.
　まず、小さじ2杯の酢を加えてください。

持ち歩き英会話 ㊸

ついでにもう1つ「注ぐ」、つまり pour（ポワ）も頭に入れていただきたい。

◉ Pour hot water into the cup.
お湯をカップに注ぎなさい。

さらに、もっと複雑なニュアンスの調理動作を見てみよう。

混ぜ合せる → mix [blend]

blend は、mix より深く「混ぜ合せる」ことを表わす。さらに「たえ間なく混ぜ合せる」のは stir（スター）である。

◉ Blend meat and knead it.
肉をよく混ぜ合せて、練りなさい。

ハンバーグでも作るのだろうか？ knead（ニード）とは、本来パンを作るために小麦粉を「練る」こと。

レモンやゆずなどをギュッと「しぼる」のは、squeeze（スクイーズ）という。ついでに、「味つけする」はなんと "季節" でよく知られる season（スィーズン）である。

◉ I squeezed a lemon to season.
味つけするのにレモンをしぼった。

44

―― "夕方から夜"の表現パターン④ ――
さて「…を切らす」「紛失する」は

アイハヴ　　　　ランナウトヴ　　　　ドゥレッスィング
I have run out of dressing.
ドレッシングを切らしてしまいました。

★「…を切らす」は *run out of* …

物を使い尽くすこと、つまり「切らす」ことを run out of という。out の代わりに short（ショート）を使っても同じ意味である。

◉We're running short of gas.
　（乗っている車の）ガソリンが切れようとしている。
　少しニュアンスが異なるが、物を「紛失する」はどういえばいいのだろう？
　まず最初に頭に浮かぶのが lose（ルーズ）である。この語は過去形「なくした」、過去分詞「なくしてしまった」の意味で、
　lose →lost（ロスト）→lost（ロスト）
のように変化する。

◉I've lost my camera.
　カメラをなくしてしまいました。
　同様の意味で get lost のパターンを使ってもよい。

◉Hanako got lost her watch.
　花子は（腕）時計をなくしました。
　上2つの例は、人が主役になって「…が〜を紛失する」ことを表わすパターンである。

これに対して、「…がない」、つまり"紛失した"を表わすパターンがある。今度は"物"が主役になっているわけだ。

…がない→… be動詞 missing
…がない→… be動詞 gone

◉My passport is missing.
パスポートを紛失しました。
◉My wallet is gone.
サイフがない。

be gone のパターンは「…がなくなってしまった」のように表現するときは"…has gone"と言い換えると、そのニュアンスがよく伝わる。

◉My wallet has gone.
サイフがなくなってしまった。

ここで、いろんな「なくなる」を見てみよう。

時間がなくなった→ The time is up.
お金がなくなる[尽きる]→ be short of money

これは"お金が買い物や何かに使ってなくなる"ことを表わしていて、紛失したのではない。

◉I'm short of money with me.
手持ちのお金がなくなった[尽きた]。

ちなみに、「…なしでやっていく」は do without …を使う。

◉I think I can do without it.
それなしでも、どうにかやっていけると思います。

45

―――― *"夕方から夜"の表現パターン⑤* ――――
「外で食事」のときの決まり文句

アイドゥライクトゥ　インヴァイチュー　トゥ　ディナー
I'd like to invite you to dinner.
夕食へご招待したいのですが。

★人を招待するときは I'd like to invite you to …

「外食する」は eat out (イート・アウト) である。out は「外へ[で]」という意味だから、よくわかりやすい表現だ。

◉Let's eat out tonight.
　今夜、外で食事しましょう。

　外で食事をする機会は数多く考えられる。単に、家族で出かけることもあるだろうし、会社の接待であるかもしれない。逆に、あなたが外国で招待されるかもしれない。

　見出し表現の "I'd like to invite…." はぜひマスターしておきたい。…には to the party「パーティーへ」、to my house「私の家へ」など、自在に入れると、いろいろな表現ができあがる。

　　　　　　　　　　　　ピック　　アップ
車で迎えに行く→pick … up

…には迎えられる人物が入る。

◉I'll pick you up at six.
　6時に車で迎えに行きます。

　この pick … up のパターンは、本来「車に乗せる」ということで、話の流れで「車で迎えに行く」となる。

持ち歩き英会話 ㊺

◉Will you pick me up at ten ?
10時に車でひろってくれる？

今度は車ではなく、駅、喫茶店、公園などで互いに落ち合うのなら、次の表現が可能になる。

…で迎える → meet you at the …
       ミーチュー　アッ　ザ

…で待っている → wait for you at the …
       ウェイト　フォユー　アッ　ザ

◉I'll meet you at the station.
駅でお待ちします。

◉Taro has been waiting for you at the restaurant.
太郎はレストランで、あなたを待っていたんですよ。

話を本題へ戻したい。あなたが誰かを食事に誘うと仮定した場合、次のような表現が必要になるはず。

◉I'd like to eat out tomorrow with you.
明日、あなたと一緒に外で食事をしたいのですが。

◉How about having dinner with me ?
夕食を一緒にいかがですか？

◉What time is it convenient for you ?
何時がご都合よろしいですか？

convenient は"コンヴーニュエント"と発音し「便利な」という意味を表わす。

◉What kind of food do you like ?
どんな食べ物がお好きですか？

What kind of … ?は非常に使い手のあるパターンの1つである。「どんな種類の…」の意味で、…にいろんな事柄を入れてみる。話の流れで、こちらの質問はよく通じるはずだ。

46

―― "夕方から夜"の表現パターン⑥ ――

「レストランに行く」とき①

イズイット ホッ
Is it hot ?
それはからいですか？

★レストランで「…をください」は I'll have …

　海外でレストランに行ったとき、また国内で外国からの客をレストランに招待したとき、どちらにしてもあなたは"通訳"を務めなければならないことがあるはずだ。

　カタコト英語でも、内容が通じれば自然にあなたの株は上昇するはず。

　海外の名のあるレストランなら、基本的には予約をして行くことになる。入口で、

◉I have a reservation. My name is Tanaka.
　予約がしてあります。田中です。

　予約なしなら、次のようになる。

◉I have no reservation.
　予約していません。

　reservation は"リザヴェイション"と発音し「(座席、テーブルの) 予約」を表わす。だから、この語はレストランにかぎらず劇場、ホテル、乗り物などの予約に使われる。

　席につくと、ウェイターがメニューをもって来る。

◉May I take your order, sir ?
　ご注文は？

持ち歩き英会話 46

メニューを渡されてもあわてて、よくわからない物を注文する必要はない。少し待ってもらったり、内容の質問をしたり、リラックスしていこう。

◉Give us a little time, please.
少し待ってください。

◉What is it like ?
それはどんなものですか？

◉Is it sweet ?
甘いですか？

これは見出しの表現と同じ。Is it…?のパターンで、…にsour（サウワー；すっぱい）、spicy（スパイスィー；ピリッとする）、salty（ソルティ；塩っぱい）などの語が入ることになる。

…をいただきます→I'll have …
アイル　ハヴ

◉I'll have a sirloin steak.
サーロインステーキをください。

このように伝えると、先方から"焼き方"を質問してくる。

◉How would you like it, sir ?
どの焼き方にしましょう？

最初に"ハウ"が耳に飛び込んできたら、調理法をたずねているな、と判断する。

◉Rare [Medium, Well-done], please.
ちょっと［普通に、十分に］焼いてください。

Rareは"レア"、Mediumは"ミーディアム"、Well-doneは"ウェルダン"と発音する。

焼き方の好みは、それぞれに違う。団体で行って注文がみな同じというのは気味悪がられる。

47

―― "夕方から夜" の表現パターン⑦ ――

「レストランに行く」とき②

フレンチ　　　　ドゥレッスィング　　フォー　　ハー
French dressing for her.
彼女にはフレンチドレッシングを…。

★注文の内容 *for* 人 ――のパターンは必須

　前のページでも述べたが、日本人団体客の悪いくせで、注文の内容がみな同じということが多い。日本人客の扱いに慣れているスチュワーデスなどは、各人の注文を聞く前から前の客の注文と同じ物（ジュース、ミルクなど）を手にもっていたりする。一言でいうと、"なめられている" のだ。

　レストランでもこの傾向が強い。

　見出しの表現のように、あなたが "通訳" を務めるのなら、

注文の内容 for 人

のパターンを使って、上手に、スマートにその場を仕切ってほしい。

- A green salad for my wife and a ham salad for me, please.

　妻にはグリーンサラダ、私にはハムサラダをお願いします。

　すると、ウェイターは次のようにいうはず。

- And to follow, sir ?

　お次は何になさいますか？

　ポイントは "フォロー？" である。後なにも注文がなければ

持ち歩き英会話 ❹

French dressing for her.

はっきりと、次のように。

◉ No, thank you.

いえ、後はけっこうです。

追加の注文をしたければ、

◉ (I'd like) Another wine, please.

ワインをもう1杯ください。

文頭の I'd like がうまく口をついて出ない人は、省略してもかまわない。another は"アナザー"と発音し「もう1つの」という意味を表わす。

追加注文のために、もう1度メニューを見たいときだってある。もちろん、堂々と伝えればいいが、最初にあなたたちについたウェイターを呼ぶこと。さらに、彼らを呼ぶときは絶対に大きく手を挙げたり、声を立てたりしてはいけない。彼らは、収入源である自分の客のほうを常に注目しているから、彼らと目を合わせるだけで通じる。

◉ May I see the menu again, please?

もう1度メニューを見せてくれませんか？

帰りには、必ずチップを忘れないこと。

48

―――― "夕方から夜"の表現パターン⑧ ――――

「お酒の席」では、このひとこと

トゥー　ヨア　ヘルス
To your health !
あなたの健康を祝して、乾杯!

★1つは用意しておきたい「乾杯!」のフレーズ

「乾杯!」の表現は数多くある。次に挙げたのはすべて「乾杯!」の掛け声である。1つだけ得意のフレーズを頭に入れておきたい。

ヒアーズ　トゥー　ユー
Here's to you !→乾杯!

ボトムズ　アップ
Bottoms up !→乾杯!

ヒアーズ　ラック　トゥー　ユー
Here's luck to you→乾杯!

パーティーの席で段上から「みなさん、…さんのために乾杯しましょう」と音頭をとるときは、

●Let's drink to the health of Mr.Hayashi.
　林氏の健康を祝して乾杯しましょう。

パーティーと違って、ごく個人的に外国人を誘って"縄のれん"をくぐるのも楽しいものだ。

●How about having a drink tonight ?
　今晩1杯やりませんか?

"a"がついているからといって"1杯だけ"といっているわ

けではない。念のため。

宴が進めば、アルコールがかなり回ってくる人もいる。酔っぱらって態度がガラリと変わってしまう人がいるが、欧米では日本より酔っぱらいに対する態度は厳しい。

◉Not just now, thank you.

いや、今はけっこうです。

仮に、アルコールを進められても"今はいいや"というときには、このフレーズを。完全な文ではないが通じる。

"こちらから進めた杯を飲めないのか…"などという奇妙な発想は、日本以外ではないと思ってよい。

◉It's on me.

おごるよ。

"イッツ・オン・ミー"はとても発音しやすいし、短いので得意フレーズの1つにしてはいかがだろうか。もちろん、酒に関するだけでなく、いろんな場面で使える。

"It's my treat."、つまり"イッツ・マイ・トゥリート"も上の表現と同じ意味で使われる。

ところで、飲めない人、飲まない人はどうすればいいのだろうか。飲めない人は次のフレーズを用意しておきたい。

◉Something soft to drink, please.

（アルコールを含まない）飲み物をお願いします。

"サムスィング・ソフト・トゥ・ドゥリンク・プリーズ"と発音する。softは、非アルコールの清涼飲料やジュース類を表わす。アルコール飲料はhard（ハード）という。

◉I don't touch alcohol.

アルコールは飲みません。

"アイドン・タッチ・アルカホル"と発音する。

49

―― "夕方から夜"の表現パターン⑨ ――

あっ「事件が起こった」……

ア　ファイア　　ブロウカウト　　　　ニアマイ　　　ハウス
A fire broke out near my house.
家の近くで火事がありました。

★ "火事"の意味の場合、fire には a がつく

　上の表現をよく見直していただきたい。fire「火」は"1つ、2つ"と数えることはできない。しかし、「火事」の意味で使われるときは、不定冠詞"a"をつける。

　ちなみに、本来の姿が定まった形をしていない物は、各人が頭の中で共通の形、大きさを想定できるわけではないから「1つ、2つ」と数えられないわけだ。

　これらの語を堅苦しい文法用語でいえば"物質名詞"という。たとえば、stone（ストーン；石）、glass（グラス；ガラス）、iron（アイアン；鉄）、paper（ペイパー；紙）、air（エアー；空気）、wood（ウッド；木）などがそうである。

　これらに a [an] がつくと、普通の名詞となり意味が変化してしまう。

　a stone→宝石、（植物の）種　a glass→グラス
　an iron→アイロン　a paper→新聞　an air→様子
　a wood→森

　話を本題に戻そう。事件などが「発生する、起こる」でよく使われるのが break out（ブレイク・アウト）である。見出しの表現に使われているのは、その過去形「起こった」である。

持ち歩き英会話 ㊾

◉A big earthquake occurred, didn't it？
　大きな地震がありましたね。

「地震が起こる」には occur（オッカー）や happen（ハプン）が使われる。「地震」、つまり earthquake は"アースクエイク"と発音する。

　洋の東西を問わず、大都市では一般的に治安が悪くなる傾向がある。海外で、もしあなたが事件に巻き込まれたら…。

　次のフレーズは、まさかの時にきっと役立つに違いない。

助けて！→ Help！
（ヘルプ）

あえていうまでもないことだが、何者かに襲われて"Help."などと考えていられないのが普通だ。そんなときは、とにかく大声を立てることだ。何語でもかまわない。

◉I've been robbed.
　物を盗まれました。

"アイヴ・ビーン・ロブドゥ"と発音する。

強盗だ〜！→ Robber！
（ロバー）

◉Police, please.
　警官を呼んでください。

"ポリース・プリーズ"と発音する。

◉Ambulance, please.
　救急車を呼んでください。

"アンビュランス・プリーズ"と発音する。

　自動ロックのホテルで、キーを忘れて外出したときは…。

◉I shut myself out.
　閉め出されました（キーをください）。

50

"夕方から夜"の表現パターン⑩

「手紙を書く」「日記をつける」

Do you keep a diary ?
ドゥ　ユー　キーパ　ダイアリー
あなたは日記をつけていますか？

★持続的な行為はkeepで表わす

1日の終わりに近づくと、人によっては「日記をつける」「手紙を書く」「家計簿をつける」「宿題をする」など、することが結構あるもの。(筆者は、きわめて怠惰な性格からすべてこの種のことはダメであるが…)

「日記」「家計簿」は基本的に毎日書きつけるものである。したがって、これらに当てる動詞はkeep（キープ）となる。

家計簿をつける→keep household accounts
　　　　　　　　キープ　ハウスホウルド　アカウンツ

◉I make it a rule to keep household accounts every day.
　私は毎日、家計簿をつけることにしているよ。

make it a rule to…（メイキッタ・ルールトゥー）は「…することにしている」意味でよく使われる。

慣れないと少々長く感じるが、マスターするとこんな便利な表現はない。

次に、手紙に関する表現を見てみたい。

「手紙」はletter（レター）である。だから「手紙を書く」ならwrite a letterである。しかし、このletterを使わないでも「便りを出す」意味でよく使われる言い方がある。

持ち歩き英会話 50

Ｅメールを送信する → send e-mail
Ｅメールを受け取る → receive e-mail

● Send me e-mail when you're free.
　暇なときはＥメールをください。
　e-mail は複数形にすることはできないので要注意。

…から便りがある → hear from …

● Have you heard from your father ?
　お父さんから便りがありましたか？
　もちろん、次の言い方もＯＫである。
● Did you get［receive］a letter from him ?
　彼から手紙を受け取りましたか？
　receive（レスィーヴ）は「を受け取る」という意味。
　最後に「宿題をする」について。homework（ホームワーク）がこの語に当たるが、単なる「家庭の仕事」としても使う。
● Have you finished doing your homework yet ?
　もう宿題は終わったの？

51

"夕方から夜"の表現パターン⑪

「フロに入って」ひといき……

He's taking a shower.
ヒーズテイキンガ　　　　　　　シャウアー

彼はシャワーを浴びています。

★ shower には a が必要

「フロに入る」は take a bath というが、アメリカ人は日本人のように日常的にバスタブに浸かってフロに入ることはない。ほとんどはシャワーを浴びるだけである。したがって、take a bath という表現は現実にはほとんど耳にしない。

◉ How about taking a shower ?
　シャワーを浴びたらどう？
◉ Do you take a shower every day ?
　あなたは毎日シャワーを浴びますか？
◉ I'd like to take a shower.
　シャワーを浴びたいです。

shower の本来の意味は、「にわか雨；夕立ち」ということ。だから、「夕立ちにあう［うたれる］」というときには次のようにいう。

"I was caught in a shower." つまり "アイワズ・コート・インナ・シャウアー" と発音する。

caught は catch の過去分詞である。be caught in のパターンで「(雨などに) あう」意味を表わす。この種の表現は文法的なことに気をとらわれずに、そのままの形で身につけるのが

効果的である。

　ところで、バスルームで使う用具などはきちんと英語でいえるだろうか。この種の単語ほど、実生活ではよく使われるし重要である。しかし、学校時代にどんなに英語の点数がよかった人でも、ほとんど知らない人が多い。

浴室	bathroom（バスルーム） ＊欧米ではトイレと洗面台がついているのが普通。
トイレと共用の浴室	full bath（フル・バス）
バスマット	bath mat
トイレの便器の回りの敷物	contour rug（コントゥア・ラッグ） ＊ふたのカバーは lid cover（リッド）
水道の蛇口	faucet（フォースィット）
石けん	soap（ソウプ）
石けん台	soap dish（ソウプ・ディッシュ）
トイレット・ペーパー	toilet tissue（トイレット・ティシュー）
バス・タオル	bath towel（バス・タウアル）
普通のタオル	hand towel（ハンド・タウアル）
浴室内で使うタオル	wash towel（ウォシュ・タウアル）
洗面器	basin（ベイスン）＊洗面台に取付けの
鏡	mirror（ミラー）
シャンプー	shampoo（シャンプー）
体重計	scale（スケイル）

52

―― "夕方から夜"の表現パターン⑫ ――

「夜ふかしする」「早寝する」

アイ　サッタップ　レイト　フォー　マイ　　ハズバンド
I sat up late for my husband.
寝ないで遅くまで主人を待ってたのよ。

★英語的発想の表現に注目

「寝ないで起きている」ことを sit up (late) という。この sit up の後に nights (ナイツ) をつけると「一生懸命に働く」という意味になる。アメリカ口語 (会話) で使われる表現で、"毎夜起きて (働いている)" 感じがよく伝わる。

◉Mr.Brown sits up nights.
　ブラウンさんはよく働きますよ。

　sit は、過去形、過去分詞形で sat (サット)、sat (サット) と変化する。

　習慣的に夜ふかしをする人を "an owl" とか "a late bird" のように、ユーモアを込めて呼ぶ。"アウル" とは「ふくろう」のこと。

◉You're an owl, aren't you ?
　君は夜ふかしだね。

◉I'm so called "a late bird".
　私はいわゆる "夜ふかし" なのよ。

◉I keep late hours.
　私は夜ふかしをよくします。

　late hours (レイト・アワーズ) は "おそい時間" だから「夜

持ち歩き英会話 52

ふかし」の意味になる。また同時に、朝起きるのも「遅い」ことになる。

　これとは逆に"早い時間を守る"と次の意味になる。

早寝早起きをする → keep early hours
（キープ　アーリー　アワーズ）

● My grandpa keeps early hours.
　私のおじいちゃんは早寝早起きをします。

　grandpa（グランパ）とは、本来は小児語で「おじいちゃん」を表わす。正確には、grandfather（グランドファーザー）である。ちなみに「おばあちゃん」は grandma（グランマ）、そして grandmother（グランドマザー）である。

　次に「夜」に関する"味つけ"の表現を考えてみたい。

夜ふけに　→ late at night
（レイタット　ナイト）

真夜中に　→ at midnight
（アッ　ミッドナイト）

夜通し　→ all night long
（オール　ナイト　ロング）

夜明けまで → until daylight
（アンティル　デイライト）

　以上のフレーズは、いろんな動作の後について「夜」に関する表現の味つけ役を果たしている。

● We worked all night (long) last night.
　私たちは昨夜は夜通し［徹夜］で働きました。
　文中の long は省略してもかまわない。

● I was waiting for you until daylight.
　私、夜明けまであなたを待っていたのよ。

53

―――― "夕方から夜"の表現パターン⑬ ――――

おやすみなさい―「寝る」「眠る」

アイ　ユージュアリ　　ゴウトゥーベッド　　アッ　イレヴン
I usually go to bed at eleven.
私はいつも11時に寝ます。

★「寝る」「眠る」の言い分けをする

「寝る」、あるいは「床につく」は go to bed である。この場合 bed には冠詞（the）はつけない。かりに the をつけてしまうと、寝るのではなく、別の目的で「ベットの所へ行く」ことになる。また、「眠る」には sleep や go to sleep を用いて表わす。

スリープ　　スレプト　　ウェル
よく眠る［眠った］→ sleep［slept］well

- Could you sleep well last night ?
  昨夜はよく眠れましたか？
- I slept badly.
  よく眠れなかった。
- I usually sleep sound.
  いつもよく［ぐっすりと］眠ります。

以上の表現の最後についている well（ウェル）、badly（バッドリー）、sound（サウンド）は各々「よく」「よく（眠れ）ない」「ぐっすりと」の意味を表わす副詞である。

- Too much coffee kept me awake.
  コーヒーを飲み過ぎて眠れませんでした。

持ち歩き英会話 53

> I usually go to bed at eleven.

　keep … awake（キープ…アウェイク）とは、「…の目を覚まさせておく」というパターン。…には"眠ら[れ]ない人"が入る。

　ちょっと変わったところでは、次の表現が考えられる。

寝しなに → just before going to bed
ジャスト　ビフォー　ゴウイング　トゥ　ベッド

　日本語のほうが難しい感じがするが、"寝しなに"とは"寝るか寝ないかの頃に"ということだから、上のような英語の表現が適当である。

● I got a call from Taro just before going to bed.
　寝しなに太郎から電話がありました。

寝そびれる → fail to sleep
フェイル　トゥー　スリープ

　fail toとは「…しそこなう」だから上の意味に使える。

● I failed to sleep last night. I'm sleepy.
　昨夜は寝そびれた。眠たいですよ。

　眠っているときに、時には「夢を見る」。「夢」は、英語で dream

125

（ドゥリーム）だが、そのままの形で動詞「夢を見る」としても使う。

◉I dreamed a dream.
　夢を見ました。
　まったく同じ意味で have［had］を使うこともできる。
◉I had a strange dream two days ago.
　2日前に不思議な夢を見ました。
　また、睡眠中に見る夢ではなくて、将来を「夢見る」ときにも dream はそのまま使う。
◉My dream has come true.
　夢が実現しました。
◉Hanako always dreams of Taro.
　花子はいつも太郎のことを夢に見ている。
　"驚いた"感じを出すために、「夢にも思わなかった」と表現するが、このときも dream をそのまま使うことになる。
◉I never dreamed that he succeeded.
　彼が成功するとは夢にも思わなかったよ。

【頭に入れたい必須語句】

accept＝受ける、容認する　back-to-back＝背中合わせの　calligraphy＝達筆、筆跡、書道　damp＝じめじめした　eccentric＝常軌を逸した、変人、奇人　faith＝信用、信念、約束、信仰　genuine＝本物の　haughty＝ごう慢な　illegal＝違法の、非合法的な　juvenile＝青少年の　landscape＝風景、景色　meal＝食事　new-rich＝成金　offer＝～を提供する、～を申し出る、～を示す　performance＝演技、演劇、実行、出来栄え　send＝～を送る、派遣する　unit＝一組、一式、単位

❹ "休日"のあれこれを キチンと表現できる 基本フレーズはこれだ

54

―― "休日"のあれこれを表現する① ――
「○○式に出席する」の表現は

アイ　ハフトゥー　　アテンダ　　フェアウェル　パーティー
I have to attend a farewell party.
送別会に出席しなければなりません。

★「…に出席する」には、2つの基本的な型がある

　徐々に変化しているといっても、日本の社会ではせっかくの休日に、あちらこちらと出席しなければならないことが数多くある。代表的なものが「結婚式」「お葬式」「創立記念パーティー」「入学式」「卒業式」「新築祝い」――などなど、数えあげたらきりがない。

　この項ではさまざまな「…式への出席」を見てみたい。

　…に出席する→ attend …

　…に出席する→ (be) present at …

もっと単純に go to…を使っても、意味はほぼ同じ。

◉My wife and I were present at a wedding.
　妻と私は結婚式に出席しました。

「結婚式」は a wedding（ウェディング）、または a wedding ceremony（ウェディング・セリモニー）という。

　結婚に関する語句は次の通り。

　結婚祝い→a wedding present［gift］（プレゼント）（ギフト）、結婚式の列席者→the guest at the wedding、結婚式場

→a wedding hall(ウェディングホール)

　これらの語句は、あくまでも日本の結婚式を前提に英語に直したもので、欧米の社会風習とは一致しないことも多い。結婚の話題が出たときの説明として、参考にしていただければ十分である。

　次は、「葬式」について。

◉I've been at a funeral.
　葬式に行ってきたところです。

◉We attended a funeral (ceremony).
　葬式に参列しました。
　ceremony の代わりに service(サーヴィス)でもよい。
　funeral は"フューナラル"と発音する。
「卒業式」は、a graduation ceremony(グラジュエイション・セリモニー)、または a commencement(コメンスメント)と呼ばれる。「娘の[息子の]」をつけるときは、my daughter's [son's] を各々の前につける。

◉I'll attend my daughter's commencement.
　娘の卒業式に出席します。

　次は、ちょっと楽しい「新築祝い」について。新築の家、入居したばかりのマンションは、まだ無機的で人間の体温に馴じんでいない。そこを、みんなで集まって暖めよう、という発想が housewarming(ハウスウォーミング)である。

◉I took part in a housewarming party.
　新築[入居]祝いに行きました。

　took(トック)は take の過去形。took part in…で「…に参加した」の意味を表わす。日本語では"行きました"だが実質的には"参加した"ことである。

55

―― "休日"のあれこれを表現する② ――

「お祝い・お悔やみ」を述べる

コングラチュレイションズ
Congratulations！
おめでとうございます。

★お祝い・お悔やみは、すべて決まり文句

すでにご承知の人も多いと思うが、花嫁に向かって"コングラチュレイションズ！"は使わないといわれている。暗に"うまく花嫁の座を手に入れてよかったね"といっていることになるらしい。お祝いの言葉ひとつでも考え方によっては難しい。

◉Happy birthday to you！
 お誕生日おめでとう！
◉Congratulations on your new baby！
 ご出産おめでとうございます！
 もちろん、相手側の主人にも使える。
◉Congratulations on your promotion！
 ご昇進おめでとうございます！

　上２つのパターンは応用が効くので、マスターしておきたい。congratulations の後に on your…をつければよい。promotion（プロモウション）は「昇進」を表わす。

　相手から「おめでとう」をいわれて、あなたも相手に同様の言葉を返したいときは次のようにいう。

　　　　　　　　　　　　　　ザ　セイム　トゥー　ユー
(こちらからも)おめでとう→ The same to you！

だから、クリスマスや新年の祝福の言葉を互いに掛け合うときには、次のようになる。
◉Merry Christmas！──◉The same to you！
　クリスマスおめでとう！　　おめでとう！
◉Happy new year！──◉The same to you！
　新年おめでとう！　　　　　おめでとう！
　それでは、最初に述べた結婚する人への祝福の表現を見てみよう。
◉I wish you good luck！
　（ご結婚）おめでとう！
◉I wish you all the happiness.
　お幸せに。
　これは主に新婦（花嫁）へ送る言葉。
　もし、祝電を打つのなら次のフレーズでOK。
◉"Heartiest congratulations and all best wishes."
　心からお祝い申し上げます。お幸せに。
　次に、お悔やみの言葉を示してみた。
◉I truly sympathize with you.
　心から同情いたします。
　"アイ・トゥルーリー・スィンパサイズ・ウィズユー"と発音する。
◉I am very sorry to hear of your father's death.
　お父さんが亡くなられたそうで、心から、お悔やみ申し上げます。
◉Please take it easy.
　お気持ちを楽になさってください。
　"プリーズ・ティキィット・イーズィ"と発音する。

56

―― "休日"のあれこれを表現する③ ――
「庭の手入れ」「日曜大工」――etc

<ruby>ア</ruby> <ruby>ペイパーザ</ruby> <ruby>ウォールズ</ruby> <ruby>イエスタディ</ruby>
I papered the walls yesterday.
昨日、壁紙を張りました。

★ *paper* には動詞としての意外な働きがある

「庭の手入れ」「家の修理」とは、大変うらやましい話である。とにかく、庭や家についての話題くらいは、英語でいえるようにしておきたいもの。

最近は、"日曜大工をする人たち"、つまり Sunday carpenters（サンディ・カーペンターズ）のための工具売り場が大繁盛である。確か、売り場の表示には "Do-it-yourself Cornor" と書いてあることが多い。

書いて字の通りでプロを雇わないで "自分自身でそれをする" ことだから非常にわかりやすい。

見出しの表現を見て "あれっ" と、思われた人が多いはずだ。paper は確かに「紙」である。しかし動詞としての働き、つまり「に壁紙を張る」があるのだ。この種の宝の持ち腐れは数多い。たとえば、dance は「ダンス」以外に「踊る」、bargain は「バーゲン」以外に「値切る」、hand は「手」以外に「手渡す」などの動詞としての用法があるのだ。

◉I fixed a shelf to the wall.
　壁に棚を取りつけました。

　fix～to…（フィックス）のパターンで「～を…に取りつけ

> I papered the walls yesterday.

る」意味を表わす。shelf は"シェルフ"と発音し、複数形 shelves（シェルヴズ）となる。

◉We've arranged the household things.
　家具の配置換えをしました。

　文尾の"ハウスホウルド・スィングズ"は「家具」のこと。furniture（ファニチャー）も同じ意味。この語は"家具全般"を示すので"1つ、2つ"とは数えられない。あえて数えるときは a piece of furniture の形をとる。

◉I hear you like gardening.
　あなたは園芸が好きだそうですね。

　gardening は"ガードゥニング"と発音する。

◉I make it a rule to water the flowerpots before breakfast.
　私は朝食前に植木鉢に水をやることにしています。

　樹木や花の名前は次の通り。

　rose（ロウズ）→バラ、begonia（ベゴニア）→ベゴニア、sun-flower（サンフラワー）→ひまわり、pine（パイン）→松の木、bamboo（バンブー）→竹、maple（メイプル）→かえで

57

―― "休日"のあれこれを表現する④ ――

「美容院・理髪店」へ行くとき

A little shorter, please.
アリル　　ショーター　　プリーズ

少しだけカットしてください。

★こちらの希望は簡潔に短く伝える

海外旅行中に美容院（beauty parlor）に行きたい、または行かなければならないときは、十分に必要表現を頭に入れてからにしたい。

1度カットしてしまった髪は、後になってどれだけ泣いてもすぐにもとには戻らない。曖昧な返事は危険だ。Yes, No は、はっきりと伝えよう。

◉Wash and set, please.

シャンプーとセットをお願いします。

◉Only a shave, please.

ひげそりだけにしてください。

美容院、理髪店どちらにしても、料金のシステムが日本と欧米では違っている。たとえば、日本の理髪店では髪型を決めてあとは黙って坐っていると、ひげそりまでやってしまう。料金は"まとめていくら"である。だが、欧米ではシステムとしてはっきり区別している。だから、それぞれについて"技術料"を払うことになる。

美容院でも同様で、ヘアが終わっても"はい次は…マニキュアは？"とくる。たかがマニキュアと思ってはいけない。結構

高いものにつくし、プラス"チップ"もばかにならない。

だから、無理をしてよく通じない長い表現はあえて避けたほうがよい。極端にいえば、"…, please."式のワンワードで十分である。

◉A haircut, please.
　カットをしてください。

◉A trim, please.
　毛先をそろえてください。

◉A gentle permanent, please.
　軽いパーマにしてください。

　日本式の"パーマ"は通じない。"パーマネント"と発音したい。または、perm（パーム）という。

◉The same style, please.
　同じ髪型にしてください。

　この表現は、自分の髪型を見せながら「髪型を変えないで」、または写真を見せながら「この髪型にして」といっていることを表わす。

◉That's enough here.
　ここで十分です。

　カットなどを"ストップ"させたいときの表現。"ザッツ・イナフ・ヒア"と発音する。

◉No, I don't think so.
　いや、それはいいです。

　もちろん"No."だけや"No, thank you."でも同じ。念のために関連語を示してみたい。dandruff（ダンドラフ）→ふけ、hair tonic（ヘアートニック）▸ヘアトニック、clipper（クリッパー）→バリカン、dye（ダイ）→染める

58

―― "休日"のあれこれを表現する⑤ ――

「行楽地」へ行ってエンジョイ

ウィル　　ハヴァン　　アウティング　トゥモロウ
We'll have an outing tomorrow.
明日、行楽に出かけます。

★ outing を十分に、使いこなしてみたい

　outing（アウティング）とは、ほとんどの人にとって耳慣れない言葉かもしれない。この語は、ある特定の具体的な意味を表わすというより"家にくすぶっていないで外へ出かけて行く"ことを基本的に表わす。

　手元の辞書を引けば、おそらく「外出、遠足、散歩」、さらに「（短い）慰安旅行」などが載っているのではないだろうか。

　ところで、"リゾート"という言葉がよく使われるが resort とは「遊山地、保養地」ということ。

　a holiday resort（ホリディ・リゾート）→休日に遊びに行く所
　a summer resort（サマー・リゾート）→避暑地
　a winter resort（ウィンター・リゾート）→避寒地

　また resort を動詞として使って resort to…とすると、「大ぜいで（行楽地などへ）行く」ことを表わす。

◉ We're planning to resort to beaches this summer.
　この夏はみんなで海に行く計画をしています。

◉ I'm looking forward to going a summer resort.
　避暑地へ行くのを楽しみにしています。

(be) looking forward to …ing（ルッキン・フォワード・トゥ…）のパターンで「…するのを楽しみにしています」という意味を表わす。少々長いが、使う頻度が高いのでぜひマスターしておきたい。

● I'm looking forward to feeling easy at Karuizawa.
軽井沢でのんびりするのを楽しみにしています。

話の流れで「…しに行く」という表現が必要になってくる。すでにNo.11の項（P.36）で述べたが、もう1度確認していただきたい。

go
- skiing（スキーイング）→スキーに行く
- swimming（スイミング）→泳ぎに行く
- camping（キャンピング）→キャンプに行く
- sun bathing（サンベイズィング）→日光浴に行く
- bird-watching（バードウォッチング）→野鳥観察に行く

● I went skiing at Naeba.
ナエバにスキーに行きました。

● How about going bird-watching this weekend？
今週末バードウォッチングに行きませんか？

それでは「休みをとる」、または「休みにする」の表現はどういえばいいのだろうか。

…日の休みをとる→have … days off
（ハヴ　デェイズ　オフ）

…には日数を示す数字が入る。ただし"1日"なら a day となる。

● I'll have six days off in December.
12月には6日間の休みをとります。

59

―― "休日"のあれこれを表現する⑥ ――
「混み合う」「交通渋滞する」――

ディズニーランド ワズ クラウディッド ウィズ チィルドレン
Disneyland was crowded with children.
ディズニーランドは子供たちで混んでいました。

★… was crowded で混雑を表現する

残念ながら休日にでかける人は、混雑、交通渋滞は覚悟しなければならない。

単なる話題だけではなく、外国人にとってはあなたの一言は大切な情報になる。

(be) crowded with…のパターンは便利な表現だ。人出が多くて"混み合っている"状態を表わす。

◉The department stores are crowded with many people on Sundays.
デパートは日曜日は混み合います。

「…しないほうがいいですよ」の表現も、ついでにマスターしよう。

ユードゥ ベター ノッ
…しないほうがいいですよ→You'd better not …

もともと「…したほうがいいですよ」の"You'd better …."の表現を否定の形にしたもの。…には、動詞の原形（辞書の見出しに載っている形。…ingや…sのつかないもの）が入る。

◉You'd better not go there during this season.
この季節の間は、そこへは行かないほうがいいですよ。

持ち歩き英会話 59

(吹き出し: Disneyland was crowded with children.)

　during（デュアリング）とは「…の間じゅう、の間に」を意味する前置詞である。
◉ The trains are very crowded during the rush hour.
　電車はラッシュ・アワーはすごく混み合います。
　同じ混み合うでも、道路が車で「混雑している」ときは、次のように表現する。

交通が混雑している→The traffic is heavy.
（ザ　トゥラフィック　イズ　ヘヴィ）

　heavy は本来「重い」だが、上の表現では「混雑」を表わす。
◉ The traffic will be heavy tomorrow.
　明日は交通［道路］が混むでしょう。

交通がマヒしている→The traffic is paralysed.
（ザ　トゥラフィック　イズ　パラライズドゥ）

　paralysed は文字通りに「マヒしている」こと。つまり、交通事故（a traffic accident）、豪雪（heavy snow）、台風（a typhoon）、洪水（flood）などの影響を受けて、交通が止まっている状態をさす。

60

―― "休日"のあれこれを表現する⑦ ――
「趣味」についておしゃべりする

My hobby is taking pictures.
（マイホビーイズ　テイキング　ピクチャーズ）
趣味は、写真を撮ることです。

★ collecting の後には、集める物が入る――

　ひと口に"趣味"といっても、コインの収集など古典的なものから"フェラーリ"や"ダイヤモンド"のような超豪華版まできりがない。

　ここでは、ごく一般的な趣味、娯楽の表現について見てみたい。「私の趣味は…です」は見出しにあげた表現パターンが最適である。

◉My hobby is collecting telephone cards.
　趣味はテレフォンカードの収集です。

　collecting（コレクティング）は「を集める［収集する］こと」という意味。だから、この語の後に、対象の物が入ることになる。

　古銭→old coins（オウルド・コインズ）、宝石→gems（ジェムズ）、本→books（ブックス）など、"収集癖"のある方は自分の物を入れてみてほしい。

◉My hobby is listening to music.
　趣味は音楽を聴くことです。

◉My hobby is to see movies.
　趣味は映画を見ることです。

持ち歩き英会話 ⑥⓪

　この表現を見て"あれっ"と思われた人が多いはずである。以上の表現は「趣味は…することです」だが、英語では最後の文を除いてすべて"My hobby is …ing."となっていたはず。そして、最後の文では"My hobby is to …."となっている。
　実は両方のパターンともに同じ意味を表わしているのだ。つまり、動詞にingがついても、toプラス動詞の形になっても「…すること」の意味を表わすことができるのだ（前者を動名詞、後者を不定詞の名詞的用法と呼ぶ）。

◉My hobby is to climb [climbing] mountains.
　趣味は山に登ることです。

　今度は、相手の趣味についての質問の表現を見てみよう。

あなたの趣味は？→What's your hobby？
（ホワッツ　ヨア　ホビー）

◉What are you interested in？
　何に興味がおありですか？

◉I hear you have a nice collection on records.
　すばらしいレコードのコレクションをお持ちだそうですね。

◉What kind of records do you have？
　どんな種類のレコードをお持ちですか？

◉What kind of sports did you go in for in your school days？
　学生時代はどんなスポーツに夢中でしたか？
　go in for…は「～に熱中する」の意味。

◉My son is crazy about video games.
　息子はテレビゲームに夢中です。
　(be) crazy about（クレイズィーアバウト）は「…に夢中になる」ということ。

141

61

――― "休日"のあれこれを表現する⑧ ―――
「パーティー」を楽しみたいなら

レッツ　　ハヴァ　　ポットラック　　パーティ
Let's have a potluck party.
各自持ち寄りの食事パーティーをしましょう。

★気軽に誘うなら Join を使う

"ポットラック"とは、みんなが各自料理の材料などを持ち寄って、わいわい楽しくやること。だからパーティーといっても堅苦しいものではない。

（パーティーなどに）来ませんか→Join us.
（ジョイナス）

◉Join us, will you ?
　（パーティーなどに）来ませんか？

Join とは「加わる」という意味。したがって、Join us. という表現はその場の状況に応じて自動的に変化する。たとえば、パーティーを開く人が Join us. といえば「参加しませんか」、旅行中のグループにいわれたら「一緒に旅しませんか」ということ。つまり「一緒に行動する」ことを表わしている。

◉Are you free this Friday evening ?
　今週の金曜日の夕方［晩］は暇ですか？

◉I'd like to invite you to our potluck dinner.
　持ち寄りの夕食パーティーにお招きしたいのですが。

◉How about something hard ?
　何かアルコールはいかがですか？

持ち歩き英会話 61

　パーティーや集いで大切なのは、ホスト（ホステス）の役割である。

　初めての人、とくに日本が初めての外国人、日本の家庭を訪れたことのない外国人にとっては、何がなんだかわからないのが普通だ。

　次の気配りは最低限必要だと思うが、どうだろう。

(1) 客が来たら、それとなくトイレの場所を伝えておく。

(2) 客の坐る場所へ案内する。

(3) その場に居合わせる人たち同士を、または、後から来た人を紹介する。

(4) 日本人同士の会話の間に、可能なかぎり英語を使う（全部無理をして英語にする必要はない）。

くつろいでください → Please make yourself at home.
（プリーズ　メイキョアセル　アッ　ホーム）

- May I take your coat ?
  コートをおあずかりしましょう。

- Here's the toilet.
  こちらがトイレです。

　マンションのユニットバスにあるトイレなら "bathroom"（バスルーム）といってもよい。また、公衆の場（乗り物、ビルの中）のトイレなら rest room（レスト・ルーム）である。

- Sit down here, please.
  ここに坐ってください。

- Mrs.White, this is Mr.Hayashi, a close friend of mine.
  ホワイトさん、こちらは私の親しくしている林さんです。

62

―― "休日"のあれこれを表現する⑨ ――
語り合う①―自己紹介と家族構成

アイム　　アン　　　　オフィスワーカー
I'm an office worker.
私は会社員です。

★自己に関する表現からストックしておく

　自己を含めて、突然家族の説明をしようとしても、なかなか英語が口をついて出ないのが普通である。常々、自分や家族についての英語は頭に入れるようにしておきたいもの。

◉I run a company.
　会社を経営しています。
　run は「走る」だけではなく「経営する」という意味がある。発音は、"r"で始まっているから"ゥラ"の感じで舌が口腔の天井につかない。日本式の"ラ"は舌が天井につき"l"の音になってしまう。

◉He runs some stores.
　彼は数軒の店を経営しています。
　run の代わりに have を使ってもよい。

◉Mr.Tanaka has a drugstore.
　田中さんは薬局を経営しています。

「～業」といいたければ次のようになる。

◉I'm a public servant.
　私は公務員です。
　public servant は"パブリック・サーヴァント"と発音する。

持ち歩き英会話 62

◉I'm an office girl.
私は会社員です。〈女性〉
日本で使われる"OL"はダメ。

◉I'm a farmar [fisherman].
私は農業［漁業］です。

◉I'm a free lance designer.
私はフリーのディザイナーです。
free lance は"フリー・ランス"と発音する。単に"フリー"です、というときは freelancer（フリーランサー）となる。

◉I'm a freelancer.
私はフリーです。
次に、家庭に関する説明について見てみたい。

◉My daughter is eighteen years old.
娘は18歳です。

◉We have two children, a son and a daughter.
私たちには息子と娘の2人の子供がいます。

◉There are four of us.
4人家族です。
ところで「ご家族は何人ですか？」だが、"How many…"と間違えることが多い。正確には次のようになる。

家族は何人ですか？→How large is your family？
ハウ　ラージ　イズ　ヨア　ファミリー

◉How many children do you have？
お子さんは何人ですか？

◉I have no children.
子供はいません。
children は"チルドレン"と発音すること。

63

―― "休日"のあれこれを表現する⑩ ――

語り合う②――子供たちの学校について

My son is a college student.
息子は大学生です。

★大学での「○年生」の表現の仕方とは……

大学の「1年」「2年」「3年」「4年」は、どのように表現するのだろうか。「私の娘は…年生です」のパターンで考えてみよう。

My daughter's
- a freshman.（フレッシュマン）→1年
- a sophomore.（ソファモア）→2年
- a junior.（ジュニア）→3年
- a senior.（セニア）→4年

◉My daughter is a junior college student.

娘は短大生です。

基本的に短大は2年制である。したがって、「1年」「2年」の言い方も違う。

She is
- a junior.→1年
- a senior.→2年

つまり、senior とは「最上級生」ということを表わしているわけだ。

また、大学生であれば当然"専攻"や"学部"の説明が必要になるはずだ。「専攻［専門］」は major（メジャー）、「学部」は…department（…ディパートメント）でよい。

持ち歩き英会話 63

◉His major is economics.

彼の（息子の）専攻は経済学です。

economics（イコノミックス）は「経済学」を意味する。ついでに各専攻名を示しておきたい。

文学　　→literature（リタラチャー）
法学　　→law（ロー）
社会学　→sociology（ソシオロジー）
経営学　→management（マニジメント）
商学　　→commercial science（コマーシャル・サイエンス）
社会科学→social science（ソーシャル・サイエンス）
工学　　→engineering（エンジニアリング）
医学　　→medicine（メディスン）
歯科学　→dentistry（デンティストリー）
農学　　→agriculture（アグリカルチャー）

◉My son is a post-graduate student.

息子は大学院生です。

◉He attends a professional school.

彼は専門学校にかよっています。

◉My daughter attends a cram school.

彼は予備校にかよっています。

◉Taro is a high school student.

太郎は高校生です。

◉Hanako is a junior high school student.

花子は中学生です。

◉He attends a primary school.

彼は小学校にかよっています。

なお「幼稚園」は kindergarten（キンダーガートゥン）。

64

―― "休日"のあれこれを表現する⑪ ――

語り合う③―一般的な話題を楽しむ

How's your business?
ハウズ　ヨア　ビズィネス

仕事(の景気のほう)はいかがですか?

★相手が旅行者なら"日程"の話題もいい

上のようにたずねられたら、どう答えたらいいのだろう。

◉ Bit by bit.
 ぼちぼちです。
 "ビッ・バイ・ビッ"の要領で発音する。

◉ I'm doing all right.
 まあ…、調子いいです。

相手がビジネス、観光、親善にかかわらず、旅行者なら日程も話題の1つになる。

◉ When did you come to Japan?
 いつ日本にいらしたのですか?

◉ When are you leaving Japan?
 いつ日本を離れるのですか?

◉ How long are you planning to stay in Japan?
 どのくらい日本に滞在される予定ですか?

また、次の質問もしたくなる。

◉ Is this your first visit to Japan?
 今回が来日は初めてですか?
 決して visit を"ビジット"としない。"ヴィズィッ"の要領

持ち歩き英会話 64

で発音したい。

　ところで一般的な話題というと、国境を越えて話がはずむのは"スポーツ"や"料理"の話である。中途半端な考えや知識で"政治"や"宗教"の話はよしたほうがよい。

◉Do you often play golf ?
　よくゴルフをしますか？

◉Mr.Hayashi is a scratch player.
　林さんはプロ並みのプレイヤーです。

◉I broke ninety for the first time the other day.
　先日、初めて90を切りましたよ。

◉I'm a 20-handicapper. How about you ?
　私はハンデ20です。あなたはいかがですか？
　handicapperは"ハンディキャッパー"と発音する。

◉What's your favorite food ?
　あなたの好きな食べ物は何ですか？

149

◉I like sea food.
　シーフード（海産物）が好きです。
◉I like Italian food.
　イタリア料理が好きです。
　スポーツ、料理に次いで、「健康」「ダイエット」「ファッション」などへ話は発展する。
◉I'm getting old.
　もう年ですよ。
◉I'm on a diet now.
　今ダイエットしてるんです。
　"アイム・オンナ・ダイエット"の表現は、食べ物をすすめられて断わるときにも使える。
◉What do you do for your health ?
　健康のために何かしてますか？
◉You look so young.
　あなたはとても若く見えますよ。
◉By the way, what's in fasion in New York ?
　ところで、ニューヨークでは何が流行していますか？
◉Your blouse matches the skirt.
　あなたのブラウスはスカートによく合っています。
◉I like your hairdo so much.
　あなたのヘアスタイルはとてもすてきです。
　hairdo（ヘアドゥー）は「髪型」を意味する。
◉You look nice in that dress.
　そのドレス、よくあなたに似合ってるわよ。
◉I like the color.
　その色すてきです。

5 微妙な"**感情**""**発想**"をスムーズに伝える基本フレーズはこれだ

65

―― "感情""発想"を上手に表わす① ――
英語の「て、に、を、は…」①

He'll be back by seven.
ヒールビーバック　　　　バイセヴン
彼は7時までには帰ります。

★ by の使い方に要注意

　少々乱暴な言い方だが、英語の「て、に、を、は…」の役割を果たしているのは前置詞である。中学以来、学校で学んだ例の"to, of, by, in…"である。

　一見簡単そうだが、実際の会話で上手に使える人は意外に少ない。その最大の理由は、学校で学んだ主要な「意味」、つまりinは「の中に」、byは「のそばに」などはよく知っているが、それ以外の用法をほとんどマスターしていない点にあるのだ。

　会話の流れの中では、前置句（グループ）だけでも十分な応答が可能になるのだ。ぜひマスターしたい。

【by】位置、時間、手段、単位について使われる。

◉Who is that man standing by the piano ?
　ピアノのそばに立っているあの男性は誰ですか？→位置

◉Hanako will come here by ten o'clock.
　花子は10時までにはここに来ます。→時間

　見出しの表現と同じ用法。目安としては by の後に"時刻"がくるかどうかを考える。日本語で同じような意味に考えられる till（ティル）は「…まで」ある動作が継続することを表わす。「すみません。10時までには出前します…」→by

持ち歩き英会話 65

「コラッ！ 授業が終わるまで廊下に立ってろ…」→till

- I'm planning to go there by bus.
  そこへはバスで行く計画をしてます。→手段
  これは by プラス"乗り物"のパターンで覚える。
- They sell rice by the kilogram in Japan.
  日本では、米はキロ（グラム）単位で売っています。

【at】場所、位置、時間に関して使う。「…の点において」「…をめざして」の意味を基本的にもっている。

- Shall we meet at the station?
  駅で会いましょう。→「…で」[限定された場所]
- We reached there at noon.
  正午にそこに着きました。→「…（時）に」[時間]
- He is at table.
  彼は食事中です。→「…に従事して；最中で」[従事・状態]
  at work→仕事中で、at school→授業中で、などはこれ。
- I bought a fur coat at a high price.
  私は毛皮のコートを高い値段で買った。→「（いくら）で」
  この文中の at は"値段"や"割合"を示す働きをしている。
- Did you buy the table at sixty thousand yen?
  あなたはそのテーブルを6万円で買ったのですか？

【with】基本的に「…と共に」「…を持って」を表わす。

- I'll come with you.
  一緒に行きます。
- Please cut it with a knife.
  それをナイフで切ってください。→[手段、器具]
- I have no money with me.
  お金を持ちあわせていない。→[所持、所有]

66

―― "感情" "発想"を上手に表わす② ――

英語の「て、に、を、は…」②

It's on the table.
それはテーブルの上にあります。

★ *on, over, above* の区別を身につける

"…の上に"と"…の下に"については注意が必要である。まず、イメージ創りの手助けに右のテーブル上のボールの図を見ていただきたい。

日本語で「テーブルの上に」といった場合①〜③のボールはすべて該当してしまう。英語では①〜③は各々異なる語が当てられている。

【on】基本的に①の状態を表わす。つまり、あるものに「接触している」ことを示しているのだ。だから"スイッチ・オンにする"といえば電線と電線を"接触させて電流を流す"ことを意味することになる。また、これらの意味が拡大されて、多様な表現に使われる。

◉I met Mr.Yoshida on the street.
　通りで吉田さんに会いました。→「路上で」［場所、位置］
◉We close the store on Monday.
　月曜日には店を閉めます。→［日・時］

曜日には on がつくと覚えておきたい。また、「…日の朝」とか特定の日にも on がつく。on the morning of 5th「5日の朝

に」、on Christmas Eve「クリスマスイブに」などの on がそうである。

◉ I'm looking for the books on sports.
　スポーツに関する本を探しています。→ ［関連、関係］
◉ The house is now on sale.
　その家は今売りに出されている。→ ［状態］

　【over】基本的に②の意味を表わす。つまり、あるものから「離れて上に」ある状態を示しているわけだ。だから「…を越えて」の意味も示すことができる。

◉ My grandmother is over eighty.
　私の祖母は80歳を越えています。
◉ Let's spread the cloth over the table.
　テーブルにテーブルクロスを広げましょう。
　この表現で使われている over は「一面に」を表わす。

　【above】"アバヴ" と発音する。基本的に③の状態を表わす。つまり、over よりずっと「上に」あることを示しているわけだ。発展して平面的な関係でも「…の上流に」などを表わせる。

◉ The moon is shining above the mountain.
　月が山の上のほうで輝いています。
◉ Health is above wealth.
　健康は富にまさる。

　ちなみに、これまでに説明した over の反対語は under（アンダー）、above の反対語は below（ビロウ）である。つまり、under は「…の真下」、below は「…のずっと下に」を基本的に表わす。

◉ It's under the table.
　それはテーブルの下にありますよ。

67

―――― "感情""発想"を上手に表わす③ ――――

英語の「て、に、を、は…」③

This is for you.
ズィスィズ　　フォーユー

これをどうぞ[贈り物です]。

★ for の基本は「利益」と「時間の長さ」――など

for は非常によく使われる。それだけに意味も幅広い。ぜひマスターしたい語の1つである。

【for】基本的に"味方、利益、目的、交換、時間の長さ"などの感覚を表わす。

◉ I'm for you.

あなたに賛成です。

このフレーズは No.33（P82）の見出し表現である。もう1度参照していただきたい。

for の重要な意味に「…のために」がある。日本語をより深く考えると、"ために"は大きく3つに分けられる。

① "味方、利益"を示す「…のために」
② "目的、望み"を示す「…のために」
③ "原因、理由"を示す「…のために」

for は①と②の意味で使われる。③の意味、つまり「原因・理由」を示すときは because of が適当である。

"I can't come because of heavy snow." →「豪雪のために行けません」〈注〉come は「来る」だが、相手の立場に立って come を使うと「行く」となる。

- It's good for your health to keep early hours.
  早寝早起きは（あなたの）健康にいいですよ。
- I have to go for a certain meeting.
  ある会合に行かねばなりません。

  certain は "サートゥン" と発言し「ある…」を表わす。なお、上 2 つの例文の「に」は「…のために」のことである。

- I got this calendar for nothing.
  このカレンダーをただで手に入れました。

  この for は「代価・交換」を表わす。つまり、この文では「何もないもの」（nothing）と交換するのだから「ただで［無料で］」を意味するのだ。

- I stayed in Kyoto for three days.
  京都に3日間、滞在しました。

  この for は「時間の長さ」を示す。for two hours「2時間」。「…のわりには」と面白い意味を表わすこともある。

- I think she looks young for her age.
  彼女は年のわりには若く見えると思いますよ。

68

―― "感情" "発想"を上手に表わす④ ――
「…したことがある」の表現はこれ

I have been to Hawaii.
アハヴビーン　トゥー　ハワイ
ハワイに行ったことがあります。

★「行ったことがある」に要注意

　文法的な、ややこしい説明を見る前に、とりあえず見出しの表現 have [has] been to…のパターンを覚えていただきたい。このパターンには2つの意味がある。

> have [has] been to … ｛ …に行ったことがある
> 　　　　　　　　　　　　…に行ってきたところだ

　人名，She, He, It などが表現の主語にくるときは、has が使われる。

◉Hanako has been to Hong Kong three times.
　花子はホンコンへ3度行ったことがあります。

　文尾の…times は「…回［度］」を表わす。ただし、「1回」は once（ワンス）、「2回」は twice（トゥワイス）を使い、3度［回］以上に用いる。

◉I've been to a supermarket.
　スーパーへ行って来たところです。

　最初の"I've…"は I have の短縮形で"アイヴ"と発音する。

　文法の話しで恐縮だが、have＋動詞の過去分詞、の形になると"現在完了形"と呼ばれる。もし手元に英和辞典をお持ちな

ら、その巻末の付録を見ていただきたい。「不規則動詞変化表」といういかめしいタイトルの表があり、各動詞の変化が、現在・過去・過去分詞の順に示してあるはず。

　［例］「食べる」eat・ate・eaten
　　　　「作る」　make・made・made

　現在完了では、この一番右側の過去分詞を使うわけだ。この現在完了とは何だろうか。

　英語で have ＋過去分詞のパターンをとると、大ざっぱにいって3つの意味を表わすことができる。

　①「…してしまった」→単に「…した」のなら過去形ですむ。過去の文なら、はっきりした過去の時点（昨日、昨夜、2日［分、時間］前、去年など）を明示できるはず。「…してしまった」は"今、何かしてしまった"のだ。

● I have just eaten lunch.
　ちょうど昼食を食べたところです。

　「してしまった」には、just（ジャスト；ちょうど）、already（オールレディ；すでに）などが、味付けに使われることがある。

　②「～したことがある」→見出しの表現もこの意味。この意味では、回数、頻度を表わす語（…times）などが文尾につくことが多い。

● I've met him once.
　彼には1度会ったことがあります。

　③「(ずっと)…している」→過去のある時点から話しをしている今現在まで、何かの動作が継続していること。

● I have known him for three years.
　彼を3年間知っています。→知り合って3年です。

69

―― "感情""発想"を上手に表わす⑤ ――

「(ずっと)…している」になると

アハヴ　　リヴドゥヒア　　　　　　スィンス　ナインティーンエイティ
I have lived here since 1980.
1980年以来ここに住んでいます。

★動作の「継続」と「完了」

　前項にひき続き"現在完了"について考えてみたい。見出しの表現は、前のページの終わりの③のパターンである。つまり、③には have+過去分詞 for…と have+過去分詞 since…の2つの型があるわけだ。

　この2つの型は、実は1つの事実について2通りの見方をしているにすぎない。次の例を見ていただきたい。

　［事実］①1981年に東京に引越して来た。

　　　　②今は1990年。今でも東京に住んでいる。

　［見方］→"住んでいるのは10年間"である。

　　　　→"住み始めた年をいえば計算してみると10年間"

　　　　　だとわかる。

```
      1981年          1990年
       ●───────────────●
       |────10年間────|
```

あなたはどちらの見方を選択するだろうか？

｛期間（経過した時間）を強調するときは→for 期間（時間）

　動作の起点を強調するときは→since 過去の時点

- I have lived in Tokyo for ten years.
- I have lived in Tokyo since 1981.

「(ずっと)…している」では、have been …ing のパターンも使われる。

◉It has been snowing for two hours.
2時間の間、雪が降り続いています。

◉I have been waiting for her since 9 o'clock.
9時からずっと彼女を待っています。

現在完了の3つの意味のほかに、もう1つだけ覚えていただきたい。

行ってしまった→have [has] gone to …

"なんだ①のパターンじゃないか"と思われた方が多いかもしれない。その通りで、「…してしまった」と考えることができる。ところが、もう1つ考えることができるのだ。

「行ってしまった」ということは、心の中で暗に「もうここにはいない」ともいっているのだ。たとえば、友人を空港に見送りに行って、友人を乗せた飛行機を見ながら「ああ、もう行ってしまったなあ→友人はもうここにいないなあ」と思うのがこのパターンだ。

◉She has gone to Canada.
彼女はカナダへ行ってしまいました(もう日本にはいない)。

現在完了の疑問形や否定形は次のようになる。

◉Have you ever been to Mexico?
メキシコへ行ったことがありますか?

疑問形では have や has が文頭に出る。

◉I have never seen a panda.
パンダは見たことがありません。

これまでの経験で「…したことがない」なら never をつける。

70

―― "感情" "発想"を上手に表わす⑥ ――

「多い」に関する表現には……

I have a lot of things to do.
アイハヴァ　　　　　ロットヴシングス　　　トゥドゥー

しなきゃいけないことがたくさんあります。

★口語では many, much の使い方に要注意

「多い」といえば、すぐに頭に浮かぶのが many（メニー）か much（マッチ）である。しかし、口語では主に疑問文や否定文で用いられ、肯定文で使われるときは主語につくときだけだ、と考えたほうがよい。

　また、many は "数えられるもの" につき、"量を表わすもの" には much がつく。

◉There were many children in the park.
　公園には多くの子供たちがいました。

◉There is much sugar in the pot.
　ポットにたくさんの砂糖があります。

多数の [多量の] → a lot of …
　　　　　　　　　　　　　　　ア　ロットヴ

lots of … としても同じ意味。このパターンは、数的にも量的にも使える。

◉I hear you have a lot of CDs.
　CD をたくさんお持ちだそうですね。

◉We have a lot of snow here.
　当地では多量の雪が降ります。

持ち歩き英会話 70

> I have a lot of things to do.

単に数量が多いだけではなく、"かなり多い"ニュアンスを出したいときは、次の表現を使うとよい。

(数が)かなり多い → a large number of …
(量が)かなり多い → a great deal of …

◉ We have a large number of customers.
 私たち（当店、当社）には数多くの顧客がいます。
◉ Mr.Hayashi has a great deal of work to do.
 林氏には、しなければならない、ものすごい量の仕事があります。

many と much を使った面白い表現を紹介したい。as many や as much となると、「それと同数［量］の」を表わすのだ。

◉ Taro made four mistakes in as many papers.
 太郎は4枚の書類に4つのミスをした。
◉ Add two cup of water after you put as much flour.
 粉を入れたらそれと同量つまりカップ2杯の水を加えなさい。

71

―― "感情" "発想"を上手に表わす⑦ ――

「少ない」に関する表現には……

アイル　ビー　　　ゼア　　インナ　　フュー　アワーズ
I'll be there in a few hours.
2、3時間したらそちらに着きます。

★「少ない」を表わす単語は *few* と *little*

「少ない」については、まず、次のことを確認していただきたい。この観念を表わす語は few（フュー）と little（リトル）である。

few は「数」を表わし、little は「量」を表わす。両語ともに、このまま用いると「少ししかない」という否定の意味を表わす。

a few や a little のように "a" をつけて用いると「少しはある」と肯定の意味を表わすことになる。

a few については大まかに "2、3の…" という感覚だと頭に入れておいてよい。

◉I have a few friends in the United States.
　アメリカに2、3人の友人がいます。
◉Very few people knew that.
　ほんのわずかの人たちだけがそのことを知っていました。
◉They have few questions, I guess.
　彼らはほとんど質問がないみたいです。
　次は little について見てみたい。
◉I see little of him lately.
　最近はほとんど彼に会っていません。

◉I know Mr.Brown a little.
ブラウンさんのことは少しは知っています。

little は「少しの…」という形容詞の働きのほかに「少量」の意味で名詞の働きもすることができる。やはりこの場合も、little と a little の用法の違いはある。次の2つの英文で比較していただきたい。

◉I know a little about the problem.
その問題については少しは知っています。

◉I know little about the problem.
その問題についてはほとんど知りません。

ここで、もう少しだけ詳しい表現について考えてみたい。実際の会話では頻繁に使われるものだけに、しっかりマスターしてほしい。

(数が)ほんの少ししかない→ only a few …
オウンリーア フュー

(量が)ほんの少ししかない→ only a little …
オウンリーア リトル

◉There were only a few houses the area then.
その頃にはその地域にはほんの数軒しか家がなかったです。

◉Hurry up！ We have only a little time.
急ぎなさい。ほんの少ししか時間がないよ。

次にあげる表現は重要である。few や little が使われているが、まったく逆の「少なからず」つまり「多い」意味である。

◉There were quite a few people.
かなりの人がいました。→ quite a few

◉He lost quite a little money.
彼はかなりのお金（大金）を紛失した。→ quite a little

72

―――― "感情""発想"を上手に表わす⑧ ――――
「時間」「天候」などの表現――

イティル　ビー　　ウィンディー　　　　トゥモロウ
It'll be windy tomorrow.
明日は風が強いでしょう。

★時間・お金の表現は It で始める

この項でしっかり頭に入れていただきたいのは、文頭の"It"である。

it は前に使われた特定のもの、すなわち"the＋普通名詞"をさし「それ、それを」表わす代名詞である。しかし、これから述べる文頭の"It"はこれらの意味はもっていない。

実は、"時間、天候、明暗、距離、温度"などを表わすときに英語では、漠然と表現の始めに"It"を使うのだ。だからいちいち、これらの It を「それは…」と訳す必要はない。

　　　　　　　　　　　　イッツ
　　…時です→ It's ….

…には時刻が入る。時刻は、7：15、9：50式に考えて時と分を分けていう方法がもっとも簡単である。つまり、"セヴン・フィフティーン"や"ナイン・フィフティ"のようにいえばいいのだ。なお、It's は It is の短縮形である。

◉ It's seven fifteen now.
　今、7時15分です。
◉ It's nine fifty.
　9時50分です。

持ち歩き英会話 72

「…時間［分］かかる」は日常生活でよく使う重要表現だ。

…時間［分］かかった → It took me ….
<small>イッ トゥック ミー</small>

使用の確率から考えて、あえて過去形で示した。もちろん、現在形なら "It takes me …." となり、未来形なら "It'll take me …." となる。

◉It took me two hours.
　２時間かかりました。

さらに「…するのに〜時間［分］かかる」のなら、上のパターンの…後に to ＋動詞がつく。

◉It'll take me about thirty minutes to get there.
　そこに着くには約30分かかるでしょう。

（お金が）…かかる → It costs me ….
<small>イッ コウスツ ミー</small>

同じ「かかる」でも、お金の場合は cost が使われる。me は意味によっては省略可能だ。なお過去形も同じ cost の形となる。

◉It costs me four thousand yen.
　4000円かかりました。

その他の It を使った表現を見ていただきたい。

◉It is about three houndred meters from here.
　ここから約300メートルあります。→距離

◉It's too dark. Please turn on the light.
　暗すぎます。明かりをつけてください。→明暗

◉It's very hot here in summer.
　当地では夏はとても暑いです。→温度

◉Is it rainy in Chicago?
　シカゴは雨がよく降りますか？→天候

73

―― "感情" "発想"を上手に表わす ⑨ ――

「～するのは…だ」のパターン

It's easy to use a PC.
(イッツイーズィ　トゥユーザ　ピースィー)

パソコンを使うのは簡単です。

★便利な It's ＋形容詞＋ to ～. のパターン

このパターンをマスターするために欠かすことのできない形容詞を、まずじっくりと頭に入れていただきたい。

easy（イーズィ）→容易な、簡単な

difficult（ディフィカルト）→難しい

interesting（イントゥレスティング）→面白い

possible（ポッスィブル）→可能な

impossible（インポッスィブル）→不可能な

これらの形容詞を使ったパターンは次のようになる。

It's 形容詞 to ～.

～に動詞（動作）が入って「～するのは…だ」の意味となる。
◉It's easy to speak Japanese.
日本語を話すのは簡単です。

◉ It's difficult to speak English.
英語を話すのは難しいです。

もちろん「〜するのは…でした」のように、過去形でいいたいなら It was…のようになる。

◉ It was interesting to see them.
彼らに会って面白かったです。

It is…to〜のパターンをうまく応用して、次の型を作ることができる。

It is 形容詞 for 人 to ….

このパターンになると、「〜が…するのは〈形容詞〉だ」の意味が生まれる。人間は、固有名詞であればそのまま、代名詞なら me, you, her, him, them の形で入ることになる。

◉ It's impossible for me to get up at 5.
私が5時に起きるのは不可能ですよ。

ただし、次の形容詞が使われるときは、for 人ではなく of 人となる。

kind(カインド)→親切な

careless(ケアレス)→不注意な

silly(スィリー)→おろかな

◉ It is very kind of you to say so.
そのように言ってくださるなんてご親切に（ありがとう）。

◉ It is careless of Taro to say so.
太郎はそんなことをいうなんて不注意です。

74

―― "感情" "発想"を上手に表わす⑩ ――
「様子・程度」を伝える言葉①

アイドン　ライク　テンダー　ミート
I don't like tender meat.
私はやわらかい肉は好きではありません。

★代表的な形容詞、副詞を巧みに使いこなせ

本来、形容詞は名詞、つまり"人や物"の様子を説明し、副詞は動詞や形容詞の程度、様子を説明する言葉として用いられる。

日常生活でよく使われる形容詞や副詞は、次のようなものである。いうまでもなく、無数に存在するが代表的なものばかりである。何度も口慣らし目慣らしをしてマスターしてほしい。きっとあなたの会話力（英語のコミュニケーション力）が急激に広がるはずだ。なお、前項（No.73）で登場した形容詞はこの項では省略した。

新しい	new（ニュー）	強い	strong（ストゥロング）
古い、老齢の	old（オウルド）	弱い	weak（ウイーク）
若い	young（ヤング）	暑い（辛い）	hot（ホット）
背の高い	tall（トール）	暖かい	warm（ウオーム）
背の低い、短い	short（ショート）	寒い	cold（コウルド）
（時間、長さ）長い	long（ロング）	涼しい	cool（クール）
重い	heavy（ヘヴィー）	まっすぐの	straight（ストゥレイト）
軽い（明るい）	light（ライト）	曲がった	curved（カーヴド）
暗い	dark（ダーク）	ぶ厚い	thick（スィック）

薄い（やせた）	thin スィン	やわらかい	soft ソフト
鋭い	sharp シャープ	荒い（ざらざらした）	rough ラフ
鈍い	dull ダル		
急な	steep スティープ	なめらかな	smooth スムーズ
なだらかな（やさしい）	gentle ジェントル	清潔な	clean クリーン
		汚れた	dirty ダーティ
かたい	hard ハード	安全な	safe セイフ

以上のほかに、色や人の性格などを表わす言葉も、すべて形容詞である。

基本的に形容詞は、次のようなパターンで働いている。

a [an] ＋ 形容詞 ＋ 名詞

もちろん、名詞が数えられるもので複数であれば a または an は不必要である。

◉ There is a gentle slope over there.

あそこになだらかな坂があります。

また、上のパターンとは別に「…だ」という様子、感覚を述べるときにも使う。この場合は be 動詞や feel (s) などの動詞の後に置かれる。

◉ It's cool today, isn't it ?

今日は涼しいですね。

◉ This cloth feels smooth.

この布は（肌ざわりが）なめらかです。

◉ I like weak coffee.

私はうすい（弱い）コーヒーが好きです。

◉ Who is that tall woman ?

あの背の高い女性は誰ですか?

75

―― "感情" "発想"を上手に表わす⑪ ――

「様子・程度」を伝える言葉②

イッ　トゥックミー　　ロンガー　　ザナイ　　　ソート
It took me longer than I thought.
思ったより時間がかかりました。

★ある様子や程度を他と比較するときは――

前項にひき続き形容詞、さらに副詞の使い方を考えてみたい。とくに、ある様子や程度を他のものと比較するときの表現に注意して見ていただきたい。

前項と同様に、まず日常生活でよく使う副詞を見ていただきたい。なかには、形容詞とまったく同形のものもある。

(時刻が) 早く	early (アーリー)	独りで	alone (アローン)
(時刻が) 遅く	late (レイト)	そのとき	then (ゼン)
一生懸命に、激しく	hard (ハード)	いつも	always (オールウエイズ)
		めったに	seldom (セルダム)
最近	lately (レイトリー)	いつも	often (オフン)
速く	fast (フアースト)	ときどき	sometimes (サムタイムズ)

◉He always comes on time.
　彼はいつも時間通りにやって来る。

◉I was out then.
　私はそのとき外出していました。

◉We seldom take exercise.
　私たちはめったに運動をしません。

seldom のように、否定の意味を表わす動詞は never「決して

…ない」rarely「めったに…しない」、hardly「ほとんど…ない」などがある。

　形容詞や副詞は、様態や程度を他と比較する表現を作ることができる。そして、比較した結果その様態、程度が「同じである」「…のほうがまさっている」「一番…である」といった判断が生じる。

　これらの表現パターンは次のようになる。ある人物の「年齢」、つまりどの程度"年をとっているか"を例に説明したい。

Mr.X is old. → Mr.Xは「年をとっている」

このX氏とY氏の年齢を比べてみる。
結果1：同じである。

Mr.X is as old as Mr.Y.
（アズ）

結果2：Mr.Xのほうが年をとっている

Mr.X is older than Mr.Y.
（オウルダー　ザン）

「～のほうがより…である」ときは形容詞［副詞］は-erの形となり後にthanがくる。ただし、beautiful（ビューティフル；美しい）やinterestingのようにつづりの長い語は-erの代わりに、これらの語の前にmore（モア）がつく。

結果3：他の人（2人以上）の中で「一番年齢が高い」

Mr.X is the oldest of the three.
（オウルデスト）

　この場合は、全体が3人で年齢の比較をしたことになる。比較の結果"一番…"のときはtheプラス-estの形になる。ただし、副詞にはtheがつかない。これらの詳細は次項で…。

76

―― "感情" "発想"を上手に表わす⑫ ――

「比較表現の表わし方」のコツ

シーキャン　　スキー　　　ベター　　　ザンナイ
She can ski better than I.
彼女は私よりスキーが上手です。

★原級―比較級―最上級の変化は必須事項の1つ

　前のページで概略を述べたように、形容詞や副詞にはそれぞれの結果によって、表わす形が変化する。これらを文法用語を使うと、それぞれ「原級」「比較級」「最上級」――ということになる。

　各級の変化の仕方は、-er、-est をつけるか、前に more, most (モウスト)をつけてできる規則的なものと、各語が独自の変化形をもつ不規則的なものがある。

原　　級	比較級	最上級
old	older	oldest
young	younger	youngest
tall	taller	tallest
long	longer	longest
hot	hotter	hottest
fast	faster	fastest
early	earlier	earliest
beautiful	more beautiful	most beautiful
interesting	more interesting	most interesting
＊delicious	more delicious	most delicious

delicious は"デリーシャス"と発音し、「おいしい」意味を表わす。

不規則変化には次のものがある。

原　級	比較級	最上級
good well	better（ベター）	best（ベスト）
bad ill	worse（ワース）	worst（ワースト）
little	less（レス）	least（リースト）
many much	more（モア）	most（モウスト）

well は、形容詞として「元気な」、副詞として「よく、上手に」の意味がある。

さて、前項で説明した最後の「結果3」、つまり"一番…だ"のパターンをもう少し詳しく示してみたい。

このパターンは、(the) 最上級 of…と述べたが、of の代わりに、in…となることもある。結論をいうと、of の後には比較に参加した全体数が入り、また、in の後には"範囲"を示す語がくるのだ。

◉ Taro is the tallest boy of the four.
　太郎は4人の中で一番背が高い。
◉ Hanako is the youngest in her team.
　花子はチームの中で一番若い。

仮りに、「一番若い女の子」なら、the youngest girl in…となる。

◉ Shinichiro can skate best in his class.
　真一郎はクラスで一番スケートが上手だ。

77

―― "感情""発想"を上手に表わす⑬ ――

「…できる」「…してよい」― etc

May I come in?
メイ　アイ　カムイン

入っていいですか?

★ can と may は会話の必須語

英語は最低、表現の主役（主語）と動作（動詞）があれば文章として成立できる。ただし、それだけではまったく味気ないものになってしまう。

しかし、動詞の直前に can や may のような助動詞を置くことによって意味の味付けをすることができる。

たとえば、She speaks Swahili. は「彼女はスワヒリ語を話す」という意味だが、can を使って She can speak Swahili. とすれば「彼女はスワヒリ語を話すことができる」となる。また、may を使えば「話すかもしれない」と表わすことができる。

can（キャン）→ …することができる

may（メイ）→ …してよい；…かもしれない

must（マスト）→ …しなければならない

　　　　　　→ …に違いない

これらの助動詞はすべて主語と動詞の間に入り込んで、それ

ぞれの意味を表わす。なお、助動詞が入った場合、後の動詞はすべて原形（-s、-ing などの形ではなく、本来の形）となるので注意したい。

- Hanako can ski very well.
  花子はとても上手にスキーをすることができます。
- You may go out.
  外出していいですよ。
- You must get up earlier tomorrow.
  君は、明日はもっと早く起きなければなりません。
- He may be a doctor.
  彼は医者かもしれない。
- Let's get away. He must be a policeman.
  逃げよう、彼は警官に違いないぜ。

助動詞を使った表現では、否定するときは各助動詞に not をつけ、疑問文では助動詞が文頭に出る。

- Can you swim well ?── No, I can't.
  上手に泳げますか？──いえ、泳げません。
  応答では前出の動詞（swim）を省略する。

78

―― "感情""発想"を上手に表わす⑭ ――
「助動詞」の応用表現も大切――

No, you don't have to.
いえ、その必要はありません。

★助動詞を使った質問には、その助動詞で答える

助動詞を否定するときは、not がつくと述べたが、can't（キャント）、mustn't（マスント）のように、短縮して使われることもある。

疑問の意味で、1つだけ注意しなければならないことがある。次の表現を見ていただきたい。

Must I go there ?

意味は、「そこへ行かなければなりませんか？」である。この質問に対する答えは2つで「はい、そうしなければなりません」か、「いいえ、その必要はありません」である。

普通は助動詞を使った質問には、その助動詞を使って答える。だから、上の「はい、…」の答えは、

Yes, you must.

となる。しかし、「いいえ、…」では No, you must not. は使えないのだ。なぜなら、"must not" は「…してはいけない」意味を表わすからだ。そのまま使うと、質問に対する答えの対応がおかしくなり、かみ合わなくなる。「いいえ、…」は、

No, you don't have to. または、No, you need not. を使うのだ。

ついでに must の代わりに have to（ハフトゥー）が、同じ意味で使われることも知っておきたい。過去形なら had to（ハッドトゥー）となる。

◉ "I have to go."
「そろそろ（電話を）切りたいです…」
これまでに述べた以外にも、重要な助動詞がある。

would often（ウッドオフン）→よく…したものです

used to（ユースタ）→…するのが常でした

上の2つの助動詞の句は、日本語では非常によく似ている。最初の would often は定期的ではないが「…したものだ」と過去を回想していることを表わす。だから"よく"と頻度を表わす言葉 often がつかない場合もある。

◉ I would often go there when I was young.
若い時はよくそこへ行ったものです。

これに対し、過去の習慣的な行為をさすのが used to である。

◉ I used to walk my dog every morning.
毎朝、犬を散歩させたものでした。

used to はさらに、現在の状態と対比した過去の状態を示すことができる。つまり、"以前は〜だったが、今は…"を表わす。

◉ My hair used to be black….
以前は髪が黒かったのですが…。

79

―――― "感情""発想"を上手に表わす⑮ ――――
「ほかの…」の表現の仕方は

ショウ　ミー　ズィアザー　プリーズ
Show me the other, please.
もう１つのほうを見せてください。

★ another は「もう１つのもの」の意味

「ほかの…」というと漠然と"other"が浮かぶ人は多い。しかし、自信をもってこの種の語を使いこなせる人は、驚くほど少ない。決して難しくはない。

other, another（アナザー）に関する表現の仕方を、きちんと頭の中に入れていただきたい。

一般的な用法では、両語とも代名詞としても形容詞としても働く。

other（アザー） { (代)ほかの人[物]〈注〉複数形あり
　　　　　　　　　　(形)ほかの…

another（アナザー） { (代)もう１人［１つ］
　　　　　　　　　　　 (形)もう１人の［１つの］

other は、"特定のほかのもの"を表わすときには"the"がつく。ほかのものが複数あってもかまわない。

another は、"an"プラス"other"で出来上がった語で、常に不特定の"もう１つのもの"を表わす。

はっきりとしたイメージを頭に入れるために、次のページの図表を見ていただきたい。あなたが、ある店で品物を買うシーンを描きながら、例文を音読してみてはどうだろうか。

持ち歩き英会話 79

"I'm afraid I don't like this one." つまり「残念ながらこれは気に入りません」に続く言葉を見てみよう。

〈注〉図中の記号の意味は次の通り。

×→今あなたが気に入らなかったもの "this one"

●あなたが本当に見たいもの

○その他の品物

［ケース１］

◉ Please show me the other.

　もう１つのほうを見せてください。

　店内には全体で２つある。だから、残りは「もう１つのほう」→the other を使う。

［ケース２］

◉ Please show me some others.

　ほかのいくつか見せてください。

　店内にはほかにいくつかの品物があり、その内の「数個」を見たいことを意味する。この「数個」は "some others" を使う。

［ケース３］

◉ Please show me the others.

　残りの品物を見せてください。

　店内にはほかにいくつかある。とにかく「残り全部」→the others を見せてといっている。

［ケース４］

◉ Please show me another.

　残りの内の１つを見せてください。

　どれでもいいから "残りの１つ" を示す。

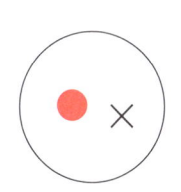

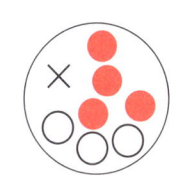

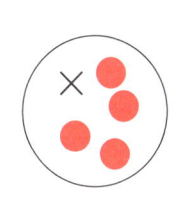

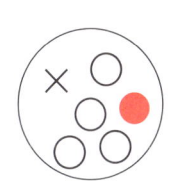

80

―――― "感情""発想"を上手に表わす⑯ ――――

「すべての…」などの表現――

Not at all.
（ノッタッオール）
どういたしまして。

★ *all* の形容詞と代名詞の用法に注目

all は「すべての…」という意味である。これはほとんどの人が知っている。しかし、見出しの表現を見ると、その意味はない。これは、Thank you. に対する返答である。all には私たちがよく知っている形容詞の用法（すべての…）の他に、1語で人やものの代わりを表わす代名詞としての用法もある。このように簡単だと思われている語をもう一度チェックする必要がある。

All are … → すべての人は…

All is … → すべての物[事柄]は…

● All is well right now.
　今、すべて順調です。
　もちろん、形容詞としての働きも確認しておきたいもの。
● All the passengers were saved.
　乗客は全員無事でした。
　All the …の語順に注意。The all …ではない。
● All these books are my father's.
　この本全部は父のです。

持ち歩き英会話 80

　allと似た意味で間違えやすいのがevery（エヴリ）と each（イーチ）の用法である。次の説明で、頭の中の混乱をすっきりとさせていただきたい。

　every →形容詞としてだけ用いられる。後にくる名詞は数えられるものに限り「すべての…」「…は誰［どれ］でも」「毎…」の意味を表わす。

　　　　名詞の内容個々に光を当てたうえで、全体を表わす。だから、常に単数扱いをする。

　つまり、every boys とか every men のようにはならない。

◉Every man has his weak side.
　人は誰でも弱点をもっているものだ。

◉I take a walk every morning.
　毎朝、散歩をします。

　everyを使った表現で注意を要するのは、否定語 not とともに用いられたときだ。訳文をよく見ていただきたい。

◉Every Japanese doesn't practice Judo.
　すべての日本人が柔道をやるとはかぎりません。

　つまり、Every…not のパターンとなると「すべての〜が…するとはかぎらない」という意味になるのだ（部分否定）。

　each →代名詞と形容詞の両方の働きをする。感覚的に2つあるいは3つ以上のものについて「それぞれ」の意味を表わす。常に単数扱いをする。

◉Each country had its own customs.
　それぞれの国には独特の習慣がある。
　customsは"カスタムズ"と発音する。

◉Each of us has computers.
　私たちはそれぞれコンピューターをもっています。

183

81

―― "感情""発想"を上手に表わす⑰ ――
「道案内をする」際の決まり文句

アイル　インクワイアー　ザウェイ　フォー　ユー
I'll inquire the way for you.
私が道を聞いてあげますよ。

★道案内は決まり文句だけで用が足せる

ここ数年で日本を訪れる外国からの人たちが驚くほど増加している。これは東京、大阪、名古屋のような大都会だけの現象ではない。今や日本中の至る所で外国人をごく普通に見かける時代になったのだ。

　　　　　　　　　　　　アユー　ロウスト
道に迷ったのですか？ → Are you lost ?

　　　　　　　　　イッツ　ダウン　ズィス　ロウド
ずっと行った所です → It's down this road.

この表現は、たずねられた場所が、道なりにずっと行った所にあるときに使う。down は、下にくだるのではなく、今自分たちがいる場所から"離れた"状態を表わす。たとえば、"Someone came up to me." のように up が "自分たちのほうへ近寄って来る" 状態を表わすこともできる。だから「誰かが私のほうへ近寄って来た」となる。

　　　　　　　　　　　　　イッツ　ノッ　ファー　フロム　ヒア
そんなに遠くはないです → It's not far from here.

　　　　　　イッツ　ニア　フロム　ヒア
近いですよ → It's near from here.

184

持ち歩き英会話 81

最初の角を曲がって → Turn at the first corner.

「2つ目」「3つ目」なら、at the second…, at the third… のようにいう。

左に曲がってください → Turn to the left.

「右に…」なら to the right(ライト)となる。

途中まで一緒に… → I'll go with you part of the way.

目的地点まで相手に同行するのなら後半の part of the way をカットすればよい。

私もよく知りません → I'm a stranger here.

82

―――― "感情""発想"を上手に表わす⑱ ――――
「応答」の表現―その基本は

You said it.
(ユー セディッ)

まったくそのとおりですよ。

★ Yes や I see だけではまったく味気ない

英語が得意、苦手にかかわらず、相手のいった事に対して、ただ"Yes""I see"のくり返しだけでは味気ない。相手も内心「本当に伝わっているのかな…?」と不安になっているかもしれない。

すばらしそうですね→That sounds great.
(ザッ サウンズ グレイ)

soundとは、一般的に「響く」ということ。この表現では相手の伝える内容が、あなたの心に「すばらしく響く」ことを表わしているのだ。だから、日本語では「いいね…」でも「すごいね」でもいいことになる。Thatの部分は省略可能。

そのとおりです→Exactly.
(イグザクトリー)

相手のいった内容の正確性を認めたり、その内容に同感することを伝えるときに使う。

それそれ、それですよ→That's it.
(ザッツ イッ)

度忘れした語、人名など相手がうまく指摘してくれたときの表現。

喜んで… → with pleasure

何かを頼まれたり、誘われたときなどに「喜んで…しますとも」を表わす。

私も同じ意見です → That's my opinion, too.

次に、否定的なニュアンスを含む表現を見てみたい。

もちろん違います → Of course not.

疑問ですね → I doubt that.

doubtは「疑う」「不審に思う」という意味。だから、相手の話の内容や意味に対して"そうかなあ…"というニュアンスを伝えることになる。

まだです → Not yet.

これはNo.68（P.158）で説明した現在完了の疑問形「もう…してしまいましたか？」の答えである。

◉Have you had lunch yet？
　もう昼食をとりましたか？
　── Not yet.
　── いえ、まだです。

それどころか（反対です）→ Far from it.

たとえば「あなたはお金持ちですね」といわれて、

◉Far from it.
　とんでもない、その反対です。

"感情""発想"を上手に表わす⑲
「つなぎ言葉」のうまい使い方

Apart from that,…
アパート フロム ザッ

話は違いますが、…

★話の流れを変える「つなぎ言葉」

「つなぎ言葉」とは、車のハンドルのようなものである。だから、会話の中で占める重要度は相当高いといえる。

冗談はさておき → **Joking aside,**…
ジョーキング サイド

ところで → **By the way,**…
バイ ザ ウェイ

たとえば → **For instance,**…
フォア インスタンス

のような → **Such as** …
サッチ アズ

具体例を相手に示すときは、上の2つの表現が有効である。とくに、英語の苦手な人にとっては大きな助けとなるはず。これらの表現の後に単語を置けば、相手はすぐにあなたの意図を理解してくれる。

◉I like fruit such as bananas.
バナナのような果物が好きです。

そうですね、ええと → **Let me see.**
レッ ミー スィー

持ち歩き英会話 83

> Apart from that,…

実は → In fact,…

私のいうのは → I mean to say,…

何はさておき → First of all,…

とにかく → Anyway,…

まあ、こうなんです → I'll tell you what,…

いってみれば → I might say,…

　このように並べると、うんざりする人がいるかもしれない。しかし、始めに述べたようにこれらの表現は1度頭に入ると、これ以上便利なものはないことに気づくはずだ。

　何度も実際に会話の場面を想定して、口に出す練習をすること。ぐっと返答につまったときこそ、その人の英語力が現われる。

84

――― "感情""発想"を上手に表わす⑳ ―――
「好き」と「嫌い」の言い方は

I'm fond of music.
（アイム　フォンドヴ　ミューズィック）
音楽が好きです。

★こうすれば微妙なニュアンスまで伝えられる

単純な「好き」「嫌い」から、もっと微妙なニュアンスを表わす表現までを考えてみたい。

見出しの表現は、有名な動詞 like とほぼ同じ意味で用いられる。だから、be 動詞＋fond＋of…のパターンの代わりに like を置き換えても同じである。

◉ She has a sweet tooth.

彼女は甘い物が好きです。

a sweet tooth は文字通りに読めば「甘い歯」となるが、決して虫歯というわけではない。よく使われる慣用句で、have a sweet tooth で「甘い物が好き」ということ。

◉ I think you'll come to like him.

私はあなたが彼を好きになると思いますよ。

come to…で「……するようになる」ということを意味する。だから、come to like で「好きになる」となるわけだ。

…は気に入りましたか？ → How do you like…？
（ハウ　ドゥー　ユー　ライク）

暗に「大好きです」を心のどこかで期待している、たずね方である。

持ち歩き英会話 84

● How do you like Japanese food ?
 日本の食べ物はお好き（気に入りました）ですか？

このようにいわれて"嫌いです"という外国人はいない。外国からの客だということで、日本食を食べてもらおうと気を遣うことが多い。

ちなみに、彼らのお世辞ぬきの好みをたずねてみると、第1位は"寿司"、第2位は"天ぷら"、"第3位"が"焼鳥"の順である。逆に、本心を明かすと、"すき焼き"は"気持ち悪い"という人が多い。

"好き"より「嫌い」の表現は難しい。かといって、中途半端な表現はもっとまずい。上手で、こちらの意志がはっきり伝わる言い方をマスターしておきたい。

…が嫌いです → I don't like …．
アイ ドン ライク

● I don't like chicken but beef.
 鳥（肉）は嫌いですが牛（肉）は好きです。

…の性(肌)に会わない → go against …
ゴウ アゲインスト

against は"…にさからって；対して"の感覚を示す前置詞である。

● Raw fish goes against my stomach.
 生魚は私（の好み）には合いません。

…したくありません → I don't feel like …ing.
アイ ドン フィール ライク

feel like …ing のパターンで「…したい気がする」の意味。

● I don't feel like going there with him.
 彼と一緒にそこへ行きたくありません。

85

―――― "感情" "発想"を上手に表わす㉑ ――――
「～させる」の表現をマスター

アイル　　メイキム　　　コール　　アッチュア　　オフィス
I'll make him call at your office.
彼をあなたの事務所(会社)へ行かせます。

★「～させる」には have, make, let

「…を～させる」は重要なパターンである。文法書を見ると"使役動詞"とよくわからない言葉で説明してある。とにかく、次のパターンを上手にいえるまで何度も口慣らしをしてほしい。

このパターンで活躍する動詞は――make, have, let の3語である。

> **make**
> **have** ＋人物＋動詞の原形
> レッ(ト)
> **let**

動詞の原形は、何度か説明したが、再確認をしておきたい。つまり、動詞は主語、時制（現在、過去、未来形など）などによって本来の形を変形させて使うことが多い。"原形"とは本来の形のままのこと。

make も have も let も上のパターンで使われるとみな「～させる」と同じ意味を表わす。ただし、言外に「～させる」強制力は make ＞ have ＞ let であることを示す。つまり、have

持ち歩き英会話 85

がもっとも一般的なものだと覚えておけばよい。

- I'll make him go.
  （どうしても）彼を行かせます。
- I'll have him go.
  彼を行かせます。
- I'll let him go.
  （彼がよければ）行かせます。

このパターンのほかにもう１つ、覚えておくと便利な表現がある。次の日本語でまずイメージを頭に描いていただきたい。
「伊勢丹デパートでスーツを作ったよ…」

この文を正確にいい直すと、「伊勢丹デパートにお金を払って、服を作らせた」である。まさか、デパートに自分の裁縫道具をもち込んで自分で作る人はいないだろう。

このようにある物を依頼して「〜させる」ときは、

have＋物＋過去分詞

のパターンが使われる。過去分詞はNo.68、69（P.158、160）の項で登場したはずである。

- I had my suit made.
  スーツを作りました（お金を払って作らせた）。
- I had my car mended.
  車を修理しました（お金を払って修理させた）。

このパターンではhaveの代わりにgetもよく使われるので、同様に頭に入れておきたい。

- I got my watch mended.
  時計を修理しました（お金を払って修理させた）。
  mend（メンド）は「修理する」を意味する。

86

―― "感情" "発想" を上手に表わす㉒ ――

ビジネスの表現①―対面する

It's a pleasure to meet you.
お会いできてうれしいです。

★初対面には得意フレーズを用意しておく

　もっとフランクな初対面の挨拶なら "Nice to meet you." でもよい。しかし、ビジネス上の挨拶となると、もう少し丁寧な表現が要求される。些細な違いのようだが、最初に "It's" をつけておいたほうが無難である。

　なお、…to see でも、…to meet でも意味は同じだ、と考えてよい。

　見出しの表現のようにあなたがいわれたら、次のように言葉を返す。

私のほうこそ…→ The pleasure is all mine.

お目にかかることを楽しみにしておりました
→ I've been looking forward to meeting you.

　大変長いフレーズだが、内容から考えてどうしても使いたくなる表現だ。look forward to …ing は「…するのを楽しみに

持ち歩き英会話 86

> It's a pleasure to meet you.

する」という意味。

挨拶の次にくるのが"名刺の交換"である。最近は日本のビジネスの習慣を採り入れている外国人ビジネスマンも多い。

名刺をどうぞ→Here's my name card.
　　　　　　　ヒアーズ　マイ　ネイム　カード

もっと丁寧にいうなら、

◉Let me give you my name card.
名刺をどうぞ。

これが初対面ですね→This is the first
　　　　　　　　　ズィスィズ　ザ　ファースト
　　　　　　time we meet, isn't it ?
　　　　　　タイム　ウィ　ミート　イズンティット

日本への旅はいかがでしたか？

→How was the trip over to Japan ?
　ハウ　ワズ　ザ　トゥリップ　オウヴァ　トゥ　ジャパン

"疲れたか？""フライトはどうだったか？"などのこと。

87

―― "感情""発想"を上手に表わす㉓ ――

ビジネスの表現②―会社の説明

ウィアー ドゥーイン ビズィネス イン テン カントゥリーズ
We're doing business in ten countries.
わが社は10ヵ国と取引してます。

★長い表現の、その基本感覚をすくいとれ

　この項に登場する英語は、内容から考えてかなり長い表現になってしまう。もしあなたがサラリーマンや経営者であるなら、登場するフレーズの基本感覚を汲み取っていただきたい。

…年に法人(株式会社)となりました

アワ カンパニー ワズ インコーポレイティッド イン
→ Our company was incorporated in ….

　…には西暦が入る。もちろん、あなたが"オーナー社長"なら Our company…を"My company…"としてもよい。
　西暦は、四ケタの数字を2つずつに分けて発音する。

1950年→"ナインティーン・フィフティ"

◉My company was incorporated in 1960's.
　私の会社は1960年代に法人化しました。
　　1960'sは"ナインティーン・スィクスティーズ"と発音する。
◉Our company was incorporated in ten years ago.
　わが社は10年前に法人化しました。
　"…years ago"は「…年前に」というパターン。

わが社の事業規模は…

→Our business territory covers…
　　アワ　　　ビズィネス　　　テリトリー　　　カヴァーズ

…以下には「支社(店)」や「子会社」の数などがくる。「子会社」は、subsidiary（サブスィジャリィ）といい、複数形はsubsidiaries（サブスィジャリィズ）となる。また、「支社」は、branch（ブランチ）といい、複数形はbranches（ブランチズ）となる。

●Our business territory covers twelve branches and two subsidiaries.
　わが社の事業規模は12の支社と2つの子会社です。
　この場合のcoverは、"傘下に治める"という意味を表わす。

…に現地会社との合併会社をもっています

→We have a joint venture with
　　ウィ　　ハヴァ　　ジョイント　ヴンチャー　　ウィズ

　現地会社 in ….
　　　　　　　イン

現地会社とは、アメリカの会社なら"an American company"のようにいう。…には、現地名が入る。

●We have a joint venture with a Brazilian company in São Paulo.
　サンパウロに、現地ブラジルの会社との合弁会社をもっています。

もし、複数の合弁会社をもっているのなら"two joint ventures"「2つの合弁会社」のようにいう。

88

―――― "感情""発想"を上手に表わす㉔ ――――
ビジネスの表現③―交渉する

ウィドゥ　ライクタ　ディスカス　ザ　プライス
We'd like to discuss the price.
価格について話し合いたいのですが。

★一般的な交渉・代表的な質問のパターンはこれ

　見出しの表現の discuss（について話し合う）には要注意だ。日本語の感覚からこの語の後に about を連想するが不要である。「discuss ＋話題」のパターンを頭に入れておく。

主力製品は何ですか？

ホワット　アー　ユア　メイン　プロダクツ
→ **What are your main products ?**

products とは「製品」のこと。

御社の月間生産高は？

ホワッツ　ユア　マンスリー　プロダクション
→ **What's your monthly production ?**

　仮に「週間生産高」なら weekly production、「年間生産高」なら annual（アニュアル）production となる。
「御社の」「貴社の」はビジネス表現では your を使って表現する。

その価格は少し高いですよ

→ Your prices are a little high.
　ヨー　　プライセス　アー　アリル　　ハイ

この後に、当然次のフレーズが続くことになる。交渉は喧嘩ではないから、ごく自然に…。

値下げをしてください

→ We'd like you to reduce the price.
　ウィドゥ　ライキュー　トゥー リデュース　ザ　プライス

少々長い表現なので、you のところで一息入れるとうまく口をついて出る。"ウィドゥライキュー／トゥーリデュースザ・プライス"の要領で発音してみてはどうだろう。

逆に、あなたのほうがこのように交渉相手から伝えられたら、

それはちょっと無理な相談ですよ

→ That is not acceptable.
　ザティズ　ノッ　アクセプタブル

もうこれ以上交渉の余地はないです…

→ There's no room for negotiation.
　ゼアズ　ノウ　ルーム　フォア　ネゴシエイション

room は周知の「部屋」という意味だが、ほかに「余地；場所」という意味もある。この場合は "a" がついたり "-s" の形になることはない。

そちらに賛成です → I agree with you.
　　　　　　　　　　アイ　アグリー　ウィズ　ユー

89

―――― "感情" "発想" を上手に表わす㉕ ――――
ビジネスの表現④―クレームと処理

The goods were damaged.
(ザ グッズ ワー ダミジドゥ)
商品が破損していました。

★「すぐに調べます」と即座にいえるようにする

海外との取引きには"クレーム"がつきものだといっても過言ではない。

注文とは違うものが届きましたが…

→We received the different goods that we had ordered.
(ウィ レスィーヴド ザ ディファレント グッズ ザッ ウィ ハッド オーダード)

大変長いフレーズだが、重要な表現である。頑張って goods までは一気にいえるように練習してほしい。それから一息入れて that…以下を落ち着いて口に出そう。

すぐに調べてみます

→We'll check it as soon as possible.
(ウィル チェッキィッ アズ スーンナズ ポッスィブル)

as soon as possible は「すぐに」を表わす。同じ意味で、in no time（インノウ・タイム）や at once（アッ・ワンス）なども使える。

１時間ほどお待ちいただけますか?

→ Would you give us about an hour ?

場合によってはクレームに対して、"そんなバカな"といいたくなることだってある。

そんなはずありませんよ

→ I can't understand it.

understandは「を理解する」であるから、上のような意味にも解釈できる。

"納期"に関する問い合わせも日常よく起こる。

まだ(商品が)着きませんけれど

→ It hasn't arrived yet.

心配いりません。(納期に)間に合いますよ

→ Don't worry. We can make it.

問題ありません → There'll be no problem.

あいにく、ただいま在庫をきらしています

→ I'm sorry the product is out of stock.

90

"感情""発想"を上手に表わす㉖
"get"を使った必須表現

ヘルプ　ミー　　ウェンユー　ゲッタ　　ミニット
Help me when you get a minute.
手があいたら手伝ってくれ。

★「…の調子がでる」は get going でOK

この項から、日常表現の中で、きわめて重要な役割を果たしている最重要語（動詞・名詞・形容詞など）の用法を示してみたい。"あっ"と思う表現があれば、それから先に、頭に入れていただきたい。なお、これらの詳細は拙著『英語は基本単語100でOK』（曙出版）を参照いただきたい。

（仕事など）の調子がでる → get going

● I've got going in business.
　仕事（商売）の調子がでてきました。

に到着する → get to …

● We got to London late at night.
　夜遅くロンドンに到着しました。

「に到着する」は、arrive at [in], reach（リーチ）でもよい。

わかりました → I get it.

"アイゲティッ"の要領で発音したい。短くて、小気味よい表

持ち歩き英会話 90

> Help me when you get a minute.

現だ。日本人は understand 一本槍の人が圧倒的に多い。あなたもその1人ではないだろうか。たまには変化をつけて"I get it."を使ってみたらどうだろう。

いやあ、1本とられたな…まいったな

→ You've got me there.
 ユーヴ　ゴッ　ミー　ゼア

ユーモア混りの、パーティーの会話などで、相手がうまいきり返しをしてきたら上の1句で、ついでに"ウィンク"の1つもしてやろう。こういう些細な言葉プラス、ジェスチャーがあなたの株を急上昇させる。

（秘密などが）漏れる → get out
　　　　　　　　　　　　　　ゲッ　タウト

● Our secret got out ! Who did it ?
　われわれの秘密が漏れたぞ。誰がやったんだ。

 get out は周知のように「出る；（車など）降りる」ということ。だから、ある限られたところから「漏れる」も表わす。

91

― "感情""発想"を上手に表わす㉗ ―

"make"を使った必須表現

Can you make it？
キャニューメイキッ

時間に間に合わせられますか。

★ *make* はびっくりするほど多様な表現を作る

make はいうまでもなく「作る」である。だが、それだけではあまりにもったいない語の１つである。make が作る表現には、もちろんその奥深くに"作る"が潜んでいるが、驚くほど多様な表現をすることができるのだ。

見出しの表現は、make it で「時間に間に合う」という意味を表わす慣用表現である。

人気を集める → make a splash
メイカ スプラッシュ

splash とは "パシャッと水をはねかける音" のこと。だから、急に「人気を集める（浴びる）」ことになる。

● Her new album's making a splash.
彼女の新譜（新曲）が人気を集めています。

お金をくずす → make change
メイク チェインジ

アメリカで使われる表現。この表現の change は、名詞で「小銭」のこと。

● I'd like to make change.
お金をくずしたいのですが。

うめ合わせる・償う → make good

"良くする"のだから上の意味が生まれたのはわかりやすい。このフレーズは、単純に「補償する」からスケジュール、約束、帳簿などの「穴うめ」の意味にまで使われる。

- You should make good the loss.
  あなた方がその損失を補うべきだ。

とくに、"約束"については「果たす」という意味で用いられることも多い。

- Don't worry. I'll make good our promise.
  心配いりません。私は約束を果たします。

どうしてそういうことになるのか？
→ How do you make that out ?

これは丸ごと覚えていただきたい。この表現に使われているmake out は、「立証する」という意味。

厚化粧して → (be) made up strong

悪い意味だけではなく、「めかしこむ」意味もある。

- Don't be made up strong.
  厚化粧はよしなさい。

いやな顔をする → make a face

「化粧をする」、つまり make up とは違うので注意。

- Why did he make a face ?
  なぜ彼はいやな顔をしたんだろう？

92

―――― "感情""発想"を上手に表わす㉘ ――――
"come"を使った必須表現

Come and have one.
カムアン　　　　ハヴ　　　ワン

さあ１杯やってください。

★ "ある状態になる"感覚をにじませる *come*

come は「来る」（相手の立場からいえば「行く」ともなる）であるが、"ある状態になる"感覚で用いられることも多い。

…を偶然手に入れる→come by
カムバイ

◉ How did you come by the data ?
そのデータはどうやって手に入れたんですか？

…しに来る→come and …

…には動詞（動作）が入る。アメリカでは and が省略されることがある。

◉ Come and see me.
遊びに来てください。

アメリカ英語になると、"Come see me." となる。

（失敗などに）めげない→come up smiling
カムアップ　スマイリング

本来はボクシングで使われた表現。つまり、何度なぐり倒されても"にっこり笑って起き上がってくる"ことを表わすのだ。だから何か失敗したり、ひどい目に合っても「めげない」で起

き上がることを表わすのにピタリの表現だ。

◉He's a nice and tough guy. He always comes up smiling.
彼はすてきで、強い男だ。(何が起きても) めげないよ。

うまく解決する → come right

問題や悩みのタネとなっている事柄が主語となる。

◉I guess the problem will come right in a few days.
その問題は2、3日で解決すると思いますよ。

実際のところ → come to that,…

話の流れがあるポイントにさしかかったところで使う。

◉Come to that, nobody knows it in detail.
実際のところ、誰もそれを詳しくは知らないんです。

これと似たニュアンスでは、talking of…がある。これは「…といえば」の意味で話題に現われた事象をとらえて、話を展開するときの表現。

"Talking of soprts, do you still enjoy playing golf？"
「スポーツといえば、今でもゴルフをしてますか？」

ずばり言う → come down to it

◉Let me come down to it.
ずばり言わせてもらいますよ。

…に達する → come to

◉The loss we got came to thirty thousand dallors.
われわれ(社)がこうむった損失は3万ドルに達しました。

93

―― "感情""発想"を上手に表わす㉙ ――
"go"を使った必須表現

アイヴ　ビーン　　オンザゴウ　　ズィーズ　デェイズ
I've been on the go these days.
このところずっと忙しくしてます。

★ go の名詞としての大切な意味を覚えよ

　見出しの表現の go は名詞である。名詞としての働きはほとんど知られていない。ちなみに、次の意味があるのだ。
「苦境」「元気」「取引き」「試み」「成功」――といった具合にきりがない。

それで決まり！→ It's a go.（イッツァ　ゴウ）

だめだ（見込みがない）→ It's no go.（イッツ　ノウ　ゴウ）

…するつもり→ (be) going to …（ゴウイング　トゥー）

　これは近い未来を表わす。"意思""意図""予定"を表わすときは will よりも多用される。
◉ I'm going to have lunch with her today.
　今日、彼女と昼食をとるつもり［予定］です。

…しに行く→ go and …

　前項No.92（P.206）で登場した "come and …" の裏のパターンでわかりやすい。

持ち歩き英会話 93

> I've been on the go these days.

- Go and get it in no time.
  すぐ行ってそれを受け取りなさい。
- I'll go and see you tonight.
  今夜、君に会いに行くよ。

(いくら)で売られる → (be) going for …

…には値段が入る。

- This kind of things are going for two hundred yen each in Japan.
  この種のものは、日本で1個200円で売られていますよ。

…を着て行く → go in
ゴウ イン

パーティーに招待されたときなど、特に女性は服に悩む。友人に電話で相談したり、1人で考え込んだりするシーンは洋の東西に関係ない。

- What shall I go in?
  何を着て行こうかしら？

94

"感情""発想"を上手に表わす㉚

"give""take"を使った必須表現

レッツ　キヴィット　モア　ライフ　シャール　ウィ
Let's give it more life, shall we ?
もっと明るく、パッとやりましょう。

★有形無形のものを与える──これが give の基本

give は、形のあるものだけではなく"形のないもの"、つまり、心の中にしか存在しないことも「与える」ことをまず頭に入れておこう。

見出しの表現の life は「人生」や「生活」ではなく「活気」のこと。it はその場の状況、つまり"パーティー、飲み会、会合が暗く沈んだ状態"を表わす。

(タバコ・酒などを)やめる → give up
ギヴ　アップ

同じ意味で quit（クイット）も使える。つまり、長年の習慣を「やめる」こと。さらに"計画を断念する"のもこれ。

◉ I can't give up smoking.
タバコ（の習慣）がやめられません。

◉ We couldn't help giving up the plan.
その計画を断念せざるをえませんでした。

(株価が)下がる → give way
ギヴ　ウェイ

give way は本来、相手の主張や圧力に「屈する」ことを表わす。だから、"売り"と"買い"の競い合いの中で屈してしまっ

た株は、値を下げてしまうことになる。
- The stock at last gave way.
  その株はついに値を下げた。

よしとする・断念する → give it best
<small>ギヴィット　ベスト</small>

決して、ある結果に満足してやめるのではない。多少の不満は残っているが、"これでよしとしよう"と自分にいい聞かせている表現。
- Let's give it best. You did very well.
  よしとしよう。君はよくやってくれたよ。

takeも、giveと同様に"有形無形のもの"を「取る」ことを表わす。

のんびりする[やる] → take it easy
<small>テイキット　イーズィ</small>

非常によく使われる表現である。それだけに、多くの意味がある。アメリカでは人と別れ際に「それじゃ、あまり（仕事など）無理をするなよ」の意味で用いられたり、単に「休む」意味で用いたりする。
- Take it easy, Tom.
  トム、それじゃ、あまり無理はするなよ。
- Take it easy and stretch your legs.
  気楽に、足を伸ばしてください。

に取りかかる → take on
<small>テイク　オン</small>

「引き受ける」という意味でも使われる。
- Let's take on the work, shall we ?
  仕事に取りかかろうか。

95

―――― "感情" "発想"を上手に表わす㉛ ――――
"more" "only"を使った必須表現

アイ　ライク　　オイスター　　モア　　ザン　　オール
I like oyster more than all.
とりわけ、(魚介類の)かきが好きです。

★ more や only が作る表現は "一種の記号"

more というと "よくわからない" 人が非常に多い。文法的に見ると、many や much の比較級である。しかし、実際の会話でいちいち "比較級だから…" などと考えていたのでは、話しにならない。

more や only などの作る表現は "一種の記号" と考えて、セットでいえるように口慣らしを何度もされることをすすめたい。

(特定の数・量)に近い → more like

- Our company employed more like a hundred graduates this year.
  わが社は今年 100 人近い大卒者を採用しました。

…以上だ → more than

一般的に数的な表現だけに使われる、と思い込んでいる人が多い。しかし、形容詞や動詞、名詞にもつけることができるのだ。

- Mr. Hayashi is more than a president to us.
  林氏は、私たちにとっては社長以上(の存在)だ。
  この表現では名詞に more than がついている。

- Reiko is more than kind.
  玲子さんは親切どころではない（大いに親切だ）。

もう…ない → never more (ネヴァー モア)

この表現も簡単なわりにほとんど知られていない。

- I will meet him never more.
  彼にはもう会わないです。

その2倍 → as many more (アズ メニー モア)

すでに語られた数字に対して「その2倍」の意味を表わす。

- I want as many more.
  その2倍は欲しいです。（サラリーの話か？）

もう少し → some more (サム モア)

人に食べ物などをすすめるときには便利な表現である。

- How about some more bread?
  もう少しパンをいかがですか？

…ということ（弱点）さえなかったら → only that … (オウンリー ザッ)

- Only that it is far from the station, it is a good place to live in.
  駅から遠い点ということさえなかったら、住むには良い場所です。
- Yamada is a nice guy, only that he is a bad drunk.
  酒癖さえ悪くなければ、山田君はいい奴なんだけど。

96

"感情""発想"を上手に表わす㉜
"hand""head"を使った必須表現

アイ ゴッタ スペシャル インフォメイション フロム ヴェリー グッ ハンズ
I got a special information from very good hands.
確かな筋から特別な情報を手に入れました。

★面白いことに、handが"才能"を表わす

見出しの表現は非常に長いものだが、大きく2つに分けてみると理解しやすくなる。つまり、次のように一息ついてみると…、

I got a special information ・・・ from very good hands.
のようになる。

つまり、後半の句の意味がわかれば、表現全体の意味が見えてくるはず。from very good hands とは「確かな筋から」ということ。

…の才能がある→ have a hand for …
ハヴァ ハンド フォア

「手」が才能を示すのは面白い。
◉I think you have a hand for painting.
あなたには絵の才能があると思いますよ。

…に関係する→ have a hand in …
ハヴァ ハンド イン

◉In fact, I have a hand in the project.
実は、私はそのプロジェクトに関係しています。

じかに(直接に)→ at first hand
アッ ファースト ハンド

持ち歩き英会話 96

> I got a special information from very good hands.

- I want to hear it at first hand.
 じかにそれを聞きたいですよ。

 もし「間接に」なら at second hand となる。
 次に、head の表現を見てみよう。

表か裏か？→ Heads or tails？
(ヘッズ　オア　ティルズ)

いうまでもなく、コインを投げて何かを決めようとしているところ。

落ち着いている→ keep one's head
(キープ　ヘッド)

"頭を保つ" ということで「落ち着いている」となる。

- Keep your head. I'm for you.
 落ち着け。私は君の味方だ。

二日酔いで頭が痛い→ have a head on
(ハヴァ　ヘッドン)

- I have a head on me today.
 今日は二日酔いで頭が痛いです。

97

―――― "感情" "発想" を上手に表わす㉝ ――――

"face" "eye" を使った必須表現

At the first face…
ちょっと見たところでは…

★動詞 face には「…に面する」などの意あり

face は「顔」である。これから意味が拡張して、「顔つき」「面目」さらに「外見；表面」の意味がある。動詞としては、「に面する」「直面する」などの意味もあるので、頭に入れておきたい。

面目を失う → lose one's face

日本語の発想と非常に似ている。

● My boss lost his face and got angry yesterday.
昨日、私の上司が面目を失って怒りました。

…と差し向かいで → face to face with…

● I don't want to sit face to face with him.
彼と差し向かいで坐りたくないです。

浮かない顔をして → with a long face

本当に"長い顔"をしているわけではない。

● He went out of the room with a long face.
彼は浮かない顔をして部屋を出て行きました。

eyeの作る表現は、基本的に字面通りに解釈できるものが多くわかりやすい。

眼下に → below one's eyes

- You can enjoy a beautiful view below your eyes.
  眼下に美しい景色をながめることができますよ。

…が目につく → catch the eye

"目につくもの"が主語になる。字面を見ると"…が目を捕らえる"となっているから「…が目につく」となるわけ。

- Lots of houses catch the eye around here.
  ここら辺りは家が目につきますね。

…にめざとい → have a good eye to …

"視力がよい"というわけではない。

- Hanako has a good eye to sweets.
  花子は甘い物にめざとい［目が早い］。

熱心に注目する → (be) all eyes

"全部が目"だといっているのだから、すごい視線を送っている感じがよく表われている。

- They were all eyes when I showed them our new model.
  新型のモデルを見せたら、彼らは熱心に注目していました。

all eyes とまったく同じ型が (be) all ears だ。同じように解釈すると「熱心に聴く」となるはず。"They were all ears." で「彼らは熱心に聴いていました」となる。

98

―― "感情""発想"を上手に表わす㉞ ――

"easy""good"を使った必須表現

Easy does it.
ゆっくりやりなさい。

★「のんびりやる」はもちろん、*go easy*

easy は「容易な」という意味でよく知られている。この語を含む表現は、ほとんど "容易な；のんびりした；気楽な" の感覚で見るとわかりやすい。

のんびりやる → go easy

◉Let's go easy, shall we ?
のんびりやりましょうよ。

…を節約する → go easy with …

前の表現と一見よく似ているが "with …" 以下がつくと、まったく意味が異なる。

◉We should go easy with natural resources.
われわれは天然資源を節約すべきである。

楽に手に入るお金 → easy money

◉Don't want easy money.
楽に手に入るお金を求めるな。

この表現に続くものとして、次の諺がある。"Easy come,

easy go." 「楽に得たものは、簡単に失うものだ」

…に対して甘い → easy going with …
イーズィ ゴウイング ウィズ

◉It is often said that we are easy going with drunken men.
私たちは酔っぱらいに対して甘いとよくいわれます。

…については安心である → feel easy about …
フィール イーズィ アバウト

◉I feel easy about the future of Japan.
日本の将来については安心しています。

goodも基本的には「よい」意味を含んだ表現が圧倒的に多い。

かなり長い時間 → a good time
ア グッタイム

このパターンのgoodは大切だ。後にmoneyがきたら「かなりの大金」となる。

◉It took a good time to get here.
ここへ来るにはかなりの時間がかかりました。

…によい → (be) good for …
グッフォア

◉It's good for the health to get up early.
早起きは健康にいいです。

よくやったね! → Good for you.
グッ フォア ユー

有効である → hold good
ホウルド グッ

◉The ticket holds good for three days.
その切符は3日間有効です。

99

―― "感情""発想"を上手に表わす㉟ ――

"count""do"を使った必須表現

Don't count on me.
ドン　　　カウント　　　オンミー

私を当てにしないでください。

★ 上の表現と類似するのが count in …

count は "カウント" として、すでに日本語になっているからわかりやすい。

見出しの表現と非常によく似ているのが次のフレーズである。

…を勘定に入れる → count in …
　　　　　　　　　　　　カウント　イン

パーティーや旅行などに誘われて、あなたは行く気がなければこのフレーズを使うべきだ。

◉ Don't count me in.

　私を勘定に入れないでください。

〈注〉 me, us, him, her のような代名詞 1 語は、count と in の間に入る。

ほとんど役に立たない → count for nothing
　　　　　　　　　　　　　　　カウント　フォア　ノッスィング

◉ His advice counted for nothing.

　彼の忠告はほとんど役に立たなかった。

大いに役立つ → count for much
　　　　　　　　　　　カウント　フォア　マッチ

つまり、count for の後につく nothing と much が意味を決

定しているわけだ。

doは「…する」という意味だから、後につく語(句)がフレーズの意味を決定することになる。

…をよくもてなす→do … well

● Thank you for doing me well today.
今日はよくもてなしていただいてありがとうございました。

それでけっこうです→That'll do.

…なしですます→can do without …

● Can you do without lunch ?
昼食なしですますことができますか？

…ですます→can do with …

● I can do with hamburger for lunch.
昼はハンバーガーですませます。

100

―― "感情""発想"を上手に表わす㊱ ――

"day"を使った必須表現

It's a big day today.
イッツァ ビッグ デェイ トゥデェイ
今日は大切な日です。

★ day が作るフレーズは日常生活に欠かせない

day は「日」以外に「昼間」「1日」「期日」、また、複数形で「時代」「一生」などの意味がある。

昼間は → by day
バイ デェイ

逆に「夜分は」なら by night となる。

- You can see few people around here by day.
  この辺りは昼間はほとんど人を見かけません。

明けても暮れても → day in, day out
デェイ イン デェイ アウト

「毎日毎日」と考えることもできる。

- My father is workaholic and works day in, day out.
  父は仕事中毒で、明けても暮れても仕事をしています。

期日を守る → keep one's day
キープ デェイ

- I give him much credit, for he keeps his day.
  彼は期日を守るので、私は大いに彼を信用しています。
  give…credit は「…を信用[頼]する」という意味で、credit は"クレディット"と発音する。

そのうちに → some day

day は単数となっていることに注意したい。

- I'll go and see you some day.
  そのうちに会いに行きます。

あさって(明後日) → the day after tomorrow

字を見ると簡単だが、口慣らしをしておかないと即座に出てこない。

- Father will be back the day after tomorrow.
  父は明後日に帰ります。

先日 → the other day

- I got a phone call from Mr.Brown the other day.
  先日、ブラウンさんから電話がありました。
  明確にいえない過去を表わすときに、便利な表現である。

24時間OK!
いつでも使える!!
持ち歩き英会話
2002年7月5日　初版第1刷発行

著者 ……………	尾山　大
発行者 …………	籠宮良治
発行所 …………	太陽出版
	東京都文京区本郷 4-1-14　〒113-0033
	電話03-3814-0471／FAX03-3814-2366
	http://www.taiyoshuppan.net/
印刷 ……………	壮光舎印刷株式会社
	株式会社ユニ・ポスト
製本 ……………	井上製本
製版 ……………	斉藤隆央プロジェクト
装幀 ……………	&SPICE INC.
印字 ……………	ベル企画